災害
ボランティア活動
ブックレット
1

被災地につなげる
災害ボランティア活動
ガイドブック

災害ボランティア活動ブックレット編集委員会 編

はじめに

　「阪神・淡路大震災」（1995年）を契機として、災害発生時に被災地域に多くのボランティアが駆け付け、災害ボランティア活動が展開されるようになり、今では被災地支援の重要な役割を担うようになりました。「東日本大震災」（2011年）以降、活動の拠点となる災害ボランティアセンターの設置がすすみ、現在は社会福祉協議会のほか、行政、NPO、企業などの多様な主体が連携・協働して運営されるようになっています。

　災害ボランティア活動は、災害支援にかかわるさまざまなセクターとの議論のなかで確認された「被災者中心」「地元主体」「協働」の三原則によりすすめられていますが、この三原則は、災害ボランティア活動に携わるすべての人がもつべき共通認識であるといえます。

　また、三原則とあわせて、地元住民・活動者ともに、外部からの必要な支援の手を受け入れ、自らの主体性を高めながら生活再建への原動力とする「受援」の考え方も活動の要となります。

　本ブックレットシリーズは、これらの考え方を中心として、災害ボランティア活動にかかわる方々（地元住民、災害ボランティア活動者、災害ボランティアセンター運営者）を対象に、コンパクトながらもエッセンスの凝縮された情報を冊子として提供することをねらいとしています。活動のなかで、困ったとき、立ち止まったとき、きっと役に立つはずです。

2019年7月

災害ボランティア活動ブックレット編集委員会

災害ボランティア活動ブックレット1
被災地につなげる災害ボランティア活動ガイドブック
SAIGAI VOLUNTEER BOOKLET ▶ CONTENTS

3 | はじめに

CHAPTER 1 調べる　−被災地のニーズと、ボランティアの参加方法−

- 8 | 自分にできることはなんだろう？
- 10 | 災害ボランティアセンター
- 12 | NPO・支援団体
- 14 | 現地情報
- 16 | 被災地のニーズ
- 18 | 参加の時期−緊急期・復旧期・復興期
- 20 | 参加のタイミングと期間
- 22 | 参加形態とメンバー
- 24 | コラム❶ 社会福祉協議会とは

CHAPTER 2 準備する　−心構えと事前準備−

- 26 | 現地に行くまでに何をしたらいいの？
- 28 | 心構え① 自己完結
- 30 | 心構え② 自己責任
- 32 | 心構え③ 被災地・被災者への配慮
- 34 | 心構え④ 多様性の尊重
- 36 | ボランティア活動のための保険
- 38 | 服装と持ち物
- 40 | 移動と宿泊
- 42 | コラム❷ 誰がすすめるの？「要配慮者」への支援

CHAPTER 3 活動に参加する　−ボランティアの受付から報告まで−

- 44 | ボランティアの一日は、どのようにすすむの？
- 46 | 活動内容と場所の決定（マッチング）
- 48 | 活動チーム
- 50 | ニーズの再確認
- 52 | 作業例① 家財道具の搬出
- 54 | 作業例② 泥・土砂の除去
- 56 | 作業例③ 家屋の清掃
- 58 | 終了後の報告と片付け
- 60 | コラム❸「1＋1＝3」にする協働の力

CHAPTER 4 身を守る　－災害ボランティアの安全管理－

- 62 | 被災地での活動は、どんなことに気を付ければいいの？
- 64 | 二次災害
- 66 | 悪天候
- 68 | けが・病気、事故
- 70 | 危険箇所と危険作業
- 72 | 休憩と体調管理
- 74 | コラム❹誰にでも起こる「燃え尽き症候群」

CHAPTER 5 自分に合った活動を探す　－被災地における多様な活動－

- 76 | もっと自分にできること、向いている分野で活動するには？
- 78 | 災害ボランティアセンターの運営サポート
- 80 | 炊き出し
- 82 | 避難所での支援
- 84 | 仮設住宅での支援
- 86 | イベントの実施
- 88 | コラム❺被災者とのコミュニケーション
- 89 | コラム❻ボランティアリーダーとコーディネーター

CHAPTER 6 応援する　－被災地以外の場所でもできる支援活動－

- 92 | 被災地に行けなくても、ボランティアはできるの？
- 94 | 後方支援
- 96 | 支援物資
- 98 | 募金
- 100 | 避難者の受け入れ支援
- 102 | 風化防止
- 104 | 本業をいかした支援
- 106 | コラム❼進化する災害ボランティア活動

- 108 | おわりに
- 111 | 資料編

CHAPTER

1

調べる

被災地のニーズと、ボランティアの参加方法

| 第1章 | 調べる

▶ 自分にできることはなんだろう？

　8月、京都で大学に通う、あゆむさん（仮称）は、ひとり暮らしのアパートに戻り、テレビの報道番組を見ていた。先週、大型の台風が九州北部を襲い、福岡県を中心に浸水被害が多数出ている。一部では土砂災害も発生しているようだ。泥だらけになった家の前で途方に暮れる被災地のおばあちゃんの姿を見て、「何か自分にもできることがないか」と思うようになった。大学は夏休み中で、アルバイトはあるが休むことはできる。スマートフォンを手に取った。

　「九州　ボランティア」と検索すると、上位に表示されたのは、半年前のマラソン大会のボランティアや農業体験のボランティアなどであった。もう少し検索を続けると、ボランティアセンターというところがいくつか見つかった。社会福祉協議会という団体が運営しているようで、そのホームページを開くと、高齢者や障がい者の施設でのお手伝いなどのボランティア活動の内容だった。

　「福岡　災害ボランティア」と、もう少し絞り込んで検索してみた。新聞記事や個人のブログなどが上位に表示されたが、いくつかのNPOがボランティアを募集している。「災害ボランティアセンター」という名称も見つけた。テレビで見た被災地は、確かY町。
　「Y町災害ボランティアセンター」のホームページに飛んでみた。

第1章｜調べる

▶POINT

　災害が発生し、「被災して困っている住民の力になりたい」と思った
とき、あなたにできることの一つが災害ボランティア活動です。

　あなたが被災地の住民であれば、自分や家族、知人・友人が被災して
いる可能性があります。災害発生直後には、近隣の高齢者や障がい者に
声をかけて一緒に避難したり、けが人がいれば周りの人と協力して救助
を手伝ったりするかもしれません。遠方に暮らしていても、知人や親戚
が被災した場合には、直接その人のお宅へ行って片付けをしたり、身の
回りのお世話をすることもあるかもしれません。誰に頼まれたわけでも
なく、自主的に被災者の力になろうと行動したのであれば、それは広い
意味で災害ボランティアの活動といえます。

　ただ、本書では、一般に募集されている災害ボランティア活動に参加
するスタイルを想定してまとめています。

　被害が比較的小さければ、災害ボランティアの募集対象を地元の人に
限定していることが多いでしょう。一方、被害が大きくなれば、外部か
らの応援も必要となり、災害ボランティアの募集対象が広がります。

　土地勘もなく、報道からの情報だけでは、被害状況はあまりピンと来
ないかもしれません。特に初めてボランティアに参加するのであれば、
なおさらです。まずは、インターネットなどで「調べる」ことからはじ
めるとよいでしょう。

　本章では、ボランティア募集の情報や、どこでボランティアの申し込
み・登録をすればいいのかなど、「調べる」ポイントを紹介していきます。

災害ボランティアセンター

市区町村ごとに設置される災害ボランティアの窓口

　災害ボランティアセンター（災害VC）は、略して「災ボラ」「ボラセン」と呼ばれることもあります。「手伝いたい」ボランティアを募集し、「手伝ってほしい」被災者とつなぐ窓口になります。

　災害 VC は、一部では行政や NPO が運営することもありますが、多くの場合、社会福祉協議会（以下、社協）が運営を担います。社協は、地域福祉を推進する目的で活動している非営利の民間組織で、全国の都道府県と市区町村すべてにあります。地域によって多少異なりますが、高齢者や障がい者のサポートといった福祉・介護サービスや、地域づくりのための住民が集うサロン活動やボランティア紹介業務を行っています。社協が運営する災害 VC は、日頃からのボランティアセンターの取り組みの災害時特別体制＊と機能をもつものです。

　日本の災害対応は、「市区町村」を一つのエリアととらえて対応がすすめられます。災害 VC も被災地の市区町村ごとに設置されます。被害が広域になれば、複数の市区町村に災害 VC があるということです。運営期間やボランティアの募集範囲は被害状況によって違いますが、2018（平成 30）年の「平成 30 年 7 月豪雨」（西日本豪雨）では、12府県の 61 市区町村で災害 VC が設置されました。

　「ボランティアに参加しよう」とインターネットで検索してみても、なかなか災害 VC に関する情報が上位に表示されないことがあるでしょう。それは、災害 VC を立ち上げ、同時にホームページを開設していた

としても、初めのうちは閲覧件数が低いためです。検索するときには、「(被災地の) 市区町村名　社会福祉協議会　災害ボランティア」など、少しエリアやキーワードを絞り込んで探してみるのがポイントです。

　最近では、まずは Facebook や Twitter を使って情報発信をはじめるケースも増えているので、ホームページだけでなく、SNS での検索も試してみるといいでしょう。

　災害 VC のホームページや SNS にアクセスできたら、まず募集状況を確認してみましょう。ボランティアの募集期間や対象、集合場所や持ち物などの条件が合うかどうかをチェックしてみてください。

【注＊】災害の発生リスクが高まる近年は、常時、災害 VC の機能をもつようになった社協もあります。

災害VCの受付に並ぶボランティア

受付を済ませ、職員の説明を聞くボランティア

NPO・支援団体

得意分野やテーマをもったボランティアの募集

　災害ボランティアの募集をしているのは、被災地の災害 VC だけでは
ありません。NPO（民間非営利団体）はその代表格ですが、そのほか
にも企業や学校単位、職能・業界団体、知り合い同士の有志のグループ
などさまざまです。

　NPO は非営利で社会的活動を主目的に活動する組織です。日本では
国際協力を中心に海外で活動する NPO を「NGO」（非政府組織）と表
現することもありますが、ここではどちらも NPO として話をすすめま
す。狭い意味では「NPO 法（特定非営利活動促進法）」によって認証を
受けた法人を NPO と呼ぶこともありますが、広い意味では公益社団・
財団法人、一般社団・財団法人、法人格をもたない任意団体で非営利の
組織も含まれます。

　NPO 法に位置づけられた NPO 法人として認証されているだけでも、
その数は国内で 5 万を超え、規模の大小、活動内容もさまざまです。ボ
ランティア活動団体の延長で無償のスタッフだけで活動している場合も
ありますが、多くの NPO では専任職員は仕事として給料を受け取って
活動しています。

　一部には、災害対応や防災・減災をテーマに活動する NPO もありま
すが、多くは介護等の保健や福祉、教育、人権、環境、まちづくりなど
別の分野を本業とする団体です。被害が大きな災害であれば、本業で
培ったスキルを応用して災害対応に乗り出すことがあります。社協と協
力して、一緒に災害 VC の運営を担うこともあります。NPO に限らず、

職能・業界団体なども同様です。

　団体ごとに活動内容が異なるので、ボランティアの募集や参加条件も千差万別です。ボランティアの募集は行わず、職員や会員だけで活動することもあります。ボランティアを募集する場合も、特定の資格やスキルをもっていることが条件ということもあれば、積極的に一般の人を対象にしていることもあります。参加したい活動の募集条件に合うかどうかは、一つずつ自分で確かめるしかありません。ただ、最近ではボランティア情報を一覧で探すことができるインターネット上のポータルサイトも増えてきたので、時間のあるときに一度調べてみるといいでしょう。

特定非営利活動20分野（活動の種類）

活動の種類	法人数
1. 保健、医療又は福祉の増進を図る活動	30,238
2. 社会教育の推進を図る活動	24,818
3. まちづくりの推進を図る活動	22,741
4. 観光の振興を図る活動	2,913
5. 農山漁村又は中山間地域の振興を図る活動	2,465
6. 学術、文化、芸術又はスポーツの振興を図る活動	18,350
7. 環境の保全を図る活動	13,684
8. 災害救援活動	4,177
9. 地域安全活動	6,186
10. 人権の擁護又は平和の推進を図る活動	8,690
11. 国際協力の活動	9,366
12. 男女共同参画社会の形成の促進を図る活動	4,778
13. 子どもの健全育成を図る活動	24,057
14. 情報化社会の発展を図る活動	5,729
15. 科学技術の振興を図る活動	2,826
16. 経済活動の活性化を図る活動	9,100
17. 職業能力の開発又は雇用機会の拡充を支援する活動	12,872
18. 消費者の保護を図る活動	3,072
19. 前各号に掲げる活動を行う団体の運営又は活動に関する連絡、助言又は援助の活動	23,987
20. 前各号で掲げる活動に準ずる活動として都道府県又は指定都市の条例で定める活動	262
計	51,609

※内閣府 NPO ホームページの「特定非営利活動法人の活動分野について（2019 年 3 月 31 日現在）」より作成（法人数は重複有）

現地情報

被災地に関する情報収集のポイント

　災害ボランティアについて調べるとき、まず情報収集を試みると思います。情報媒体はたくさんありますが、それぞれに特徴があるので少しだけポイントをご紹介します。

　まず被害状況の確認についてです。全国版の新聞やテレビでは象徴的な写真や動画、エピソードが紹介されやすい傾向にあります。都道府県ごとの地方新聞には、地名や場所が絞られた具体的な情報も掲載されています。死者や行方不明者数、建物の被害件数などの数字は、市区町村の災害対策本部のホームページで公開されています。

　被害が複数の市区町村にまたがる広域の場合には、都道府県の災害対策本部、さらに広域の場合には、内閣府政策統括官（防災担当）のホームページ（「防災情報のページ」*）に全体の被害状況がまとめて公開されています。

　ボランティアの募集情報は「（被災地の）市区町村名　社会福祉協議会　災害ボランティア」などの検索ワードで探してみてください。ボランティアの募集があれば、被災地の市区町村で災害 VC に関する情報が見つかるはずです。全国社会福祉協議会（全社協）のホームページ「被災地支援・災害ボランティア情報」**では、被災地の災害 VC の状況を一覧で確認することもできます。

　その他、インターネット上には「Yahoo! ボランティア」や「ボランティアプラットフォーム（「緊急災害支援」のページ）」といったポータルサ

イトもあります。ボランティアの種類や地域を選択して絞り込んで検索できる機能や、NPO・支援団体の情報もあり、自分に合ったボランティア活動を探したいときに役立つはずです。

　FacebookやTwitterなどのSNSによる検索もできますが、通信状況が悪く、慌ただしく目の前の対応に追われている被災地の側からは、整理された情報の発信がむずかしいのが現実です。閲覧数の多い記事が上位に表示されるので、どちらかといえば被災地外で話題になっているニュースが目につきやすいかもしれません。ただし、SNSは手軽な情報収集ツールですが、デマやうわさが広まりやすい媒体でもあります。
　一方、被災地においては、口コミやチラシ、避難所の掲示板など、アナログな情報がとても大事です。内容や媒体によって、入手しやすい情報の種類が違うことを覚えておくとよいでしょう。

【注＊】内閣府「防災情報のページ」（政策統括官（防災担当））：http://www.bousai.go.jp/
【注＊＊】「全社協　被災地支援・災害ボランティア情報」：https://www.saigaivc.com/

「全社協　被災地支援・災害ボランティア情報」トップページ画面

被災地のニーズ

被災地・被災者の困りごとを知る

　被災地・被災者の困りごとを「ニーズ」と呼びます。災害ボランティアは、このニーズを解決するための活動であり、災害 VC はニーズとボランティアをつなぐためのセンターです。災害 VC の業務は、まずは被災地・被災者のニーズを調査することからはじまります。その結果、ニーズのなかで、ボランティアが解決できそうな内容があればボランティアの募集がはじまります。

　家屋の清掃、避難所での手伝い、炊き出しなど、災害ボランティアの活動は、そこに「ひと」がいて初めて成り立ちます。日本には水害が多いので、テレビ報道などを通じて、泥だらけになった家屋の清掃を手伝っているボランティアの姿を見たことがある人も多いでしょう。

　例えば、壊れた家具を災害ゴミとして集積場所まで運び出す作業を考えてみてください。4 人暮らしのお宅で、20 代の息子も暮らしていたとすれば、家族だけでもできる作業かもしれません。しかし、80 歳のひとり暮らしのおばあちゃんであれば、ボランティアの力を借りることができなければ途方に暮れてしまうでしょう。

　ニーズの内容は同じでも、被災者のおかれた環境や家族構成の違いなどによっては大変さが異なるということも覚えておきましょう。

　被災地・被災者のニーズは、「ひと」「もの」「かね」「情報」の 4 種類に分類することができます。

　また、専門的な内容や行政にしか対応できないニーズも含まれますが、

| 第1章 | 調べる |

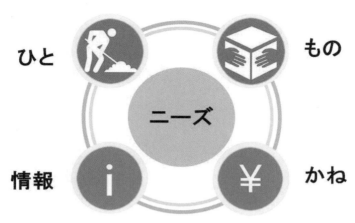

作成：ピースボート災害ボランティアセンター

　逆に、家族やご近所同士で助け合って解決できることもたくさんあります。また、被災者一人につき、ニーズが一つとは限りません。水害で家具が壊れているのであれば、家の中も浸水しているでしょう。車が使えなくなっていれば、外出するのもひと苦労です。どのくらいの補償を受けられるのか、その手続きはいつどこで行えばいいのかなど、被災者もわからないことだらけです。

　一人の被災者が、「ひと」「もの」「かね」「情報」の複数のニーズを抱えています。ボランティアが家の掃除を手伝うことで、被災者が必要な手続きなどのニーズと向き合う時間や余裕をもつことができるといった効果もあります。ボランティアがすべてを解決することはできませんが、被災者の生活再建のためには、やはり「ひと」の応援は欠かせません。

参加の時期―緊急期・復旧期・復興期

いつ参加するかで、活動内容や条件が異なる

　災害対応の目的は、ひと言でいえば被災者の生活再建を支えることにあります。被災者一人ひとりの被害状況やおかれた環境によって必要なサポートは異なりますが、大まかにでも災害が発生してからの「フェーズ（局面・段階）」を知っておくことは、自分がいつボランティアに参加するかを考えるうえで参考になるでしょう。

　災害発生直後のフェーズは「緊急期」と呼ばれます。けが人が多数出るような災害であれば、特に発生から72時間＝3日間は「急性期」として人命救助や医療行為が優先されます。「急性期」に大勢のボランティアを募集すれば、渋滞を助長し緊急車両の通行を妨げてしまいます。中長期で息の長い活動が期待される災害ボランティアの募集は、この「急性期」が過ぎるころ、災害発生から数日後にはじまることが一般的です。

　「緊急期」に災害ボランティアに参加する場合には、まだ被災地には緊迫と混乱があり、余震や土砂災害だけでなく、二次災害によるけが・病気、事故のリスクも高いと考えておくべきでしょう。この時期に初めて災害ボランティアに参加するのであれば、あらかじめ安全管理の研修や訓練を受けたボランティアコーディネーターやリーダーと一緒に活動できる現場を探してみるといいかもしれません。

　「復旧期」には、避難所での生活から自宅に戻るなど、多くの被災者が生活再建へのサポートを必要としています。水害であれば、自宅での

第1章 | 調べる

生活再建にはまず溜まった泥や土砂を除去して清掃するボランティアが必要です。

　「復興期」には、泥や土砂の除去といった目に見えるニーズから、地域特性に合わせたコミュニティー形成などの目には見えない多様なニーズへと変化します。二次災害によるけが・病気、事故のリスクといった安全面での心配ごとは減りますが、被災者一人ひとりに寄り添った息の長い取り組みが求められるようになります。

　フェーズの移り変わりには明確な境目はありませんが、募集されるボランティアの人数や活動内容、諸条件が少しずつ変わっていくことを覚えておきましょう。

■ フェーズ（局面・段階）と災害ボランティアの活動

緊急支援	復旧支援	復興支援
●食事・物資提供	●清掃活動	●コミュニティーづくり
●情報提供	●場づくり	●防災・減災
●避難所・在宅避難者	●仮設住宅（集会所）	●災害公営（復興）住宅

参加のタイミングと期間

ニーズや現地の環境をふまえた日程調整を

　被害の大きさにもよりますが、災害VCを設置してしばらくは休日も設けず、連日、災害支援のボランティアを募集することが一般的です。被災者からのニーズが少なくなると、週末に限定した募集や事前登録制へと変更されるかもしれません。その後、ニーズが減れば最終的には関係者の判断で災害VCが閉所され、ボランティアの募集も終了します。

　災害VCを通じたボランティア活動は、1日単位が基本です。連続して数日間、数週間と中長期で活動することも可能ですが、その場合も毎朝災害VCで受付・登録を済ませてから作業の現場に向かうという流れの繰り返しです。

　数時間や半日といった参加が可能な場合もありますが、その日のなかでボランティアが入れ替わると引き継ぎがむずかしかったり、作業が中途半端になってしまうこともあります。なるべく、朝から夕方までの終日で参加できるように時間の調整をしましょう。

　学生や社会人など、週末や連休を利用してボランティアに参加する人もたくさんいます。「平成28年熊本地震」での熊本市災害VCでは、ゴールデンウィークの大型連休には毎日1,000人以上のボランティアが集まりました。ニーズがたくさんあれば、週末のたくさんのボランティアはとても助かります。ただ、ニーズの需要よりもボランティアの人数が多くなると、その日の活動ができなくなることもあります。また、人数が多ければそれだけ受付に時間がかかるので、待ち時間が長くなりま

■ 平成28年熊本地震 熊本市内の災害ボランティアの人数の推移

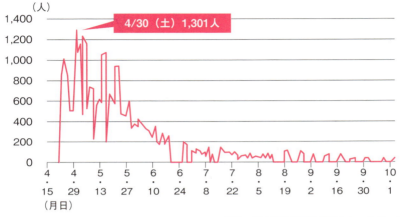

出典：熊本県社会福祉協議会ホームページ

す。週末や連休期間中にボランティアに参加する場合には、ある程度「待つ覚悟」をもっておいてください。

　一方の平日は、ニーズに対してボランティアの人数が少ない日もあります。前後の週末と比べると、3分の1〜5分の1程度の人数です。「平日は仕事で家にいないので週末にボランティアに来てほしい」という被災者もいますが、曜日を問わず手伝ってほしい被災者もいます。調整ができるのであれば、平日に参加するという選択肢も検討してみてください。

　また、災害発生から時間がたつと、被災地への関心が薄れてくることから、週末でもボランティアの人数が足りなくなります。日数や曜日、フェーズなど、自分と被災地の状況を照らし合わせながら参加するタイミングを考えてみましょう。

参加形態とメンバー

個人と団体では応募方法が異なる場合もある

　一人で災害ボランティアに参加することもあれば、家族や友人を誘って一緒に参加することもあるでしょう。また、大学のボランティアサークルや職場のCSR活動・社会貢献活動の一環としてグループで参加するケースもあります（104頁参照）。災害VCでは、一人や少人数での「個人」参加と複数での「団体」参加を分けて、受付や登録方法を変えています。

　何人のグループまでが個人扱いで、何人以上が団体扱いになるかは、各市区町村の災害VCで異なります。募集要項などに記載されているはずなので、参加するときに確認してください。

　過去の傾向では、個人の割合が多いようですが、最近では団体も増えてきています。個人と団体の募集を別にする目的の一つは、受付・登録時の混雑の解消です。学校や会社単位など団体の場合には50人や100人以上といった規模のグループもあり、一人ひとりの受付・登録作業に相当な時間がかかります。団体の担当者がまとめることで手続きがスムーズにすすみます。

　団体の受付・登録のもう一つの目的は、ニーズとボランティアの需要と供給をそろえるためです。活動の前日に「明日100人でボランティアをしたい」「同じグループなので、同じ現場で活動したい」と突然言われても、その希望にそうニーズはすぐには見つかりません。とはいえ、日頃からのチームワークも発揮してもらえるので、同じニーズや現場に

| 第1章 | 調べる

つなぐことができれば頼もしくも思います。災害VCでは「団体は事前予約制」とする場合もありますが、それは運営側がなるべく希望にそうように事前の調整をしたいと考えているからです。

　また、団体ボランティアの場合には、学業やサークル活動、趣味や仕事などで、共通した資格や得意分野をもっていることもあるでしょう。被災地・被災者のニーズには、スキルや経験値がバラバラの個人ボランティアには対応がむずかしくても、資格や得意分野をもつ団体ボランティアであれば対応可能なことがあるかもしれません。

　災害VCでは、事前予約に協力してもらうことで、ボランティアがもっと適材適所で活躍できる環境づくりをすすめたいと考えています。

Column
1

社会福祉協議会とは

　社会福祉協議会（社協）は、地域福祉の推進を目的とする、社会福祉法に位置付けられた民間の非営利組織です。すべての市区町村、都道府県・政令指定都市と全国に組織されており、合計1,914か所設置されています（2018年4月1日現在）。

　社協では、「住民主体の原則」を重要な理念として掲げ、住民や民生委員・児童委員、NPO、社会福祉法人・施設、行政、そのほか地域のさまざまな主体と連携・協働しながら、地域の実情に応じた福祉活動を展開しています。具体的には、地域の支え合いを育む活動として、住民が互いに訪問や声かけ、ちょっとした手伝いなどを行う「小地域ネットワーク活動」、高齢者や子育て世代の住民が気軽に交流できる「ふれあい・いきいきサロン」、地域の課題を学び主体的に行動できる力を育む「福祉教育」などを住民とともに実施しています。

　また、生活の困りごとへの福祉的支援も社協の重要な活動です。どこに相談したらよいかわからないときの窓口となる「総合相談」、認知症や知的障害、精神障害等、判断能力が十分でない人に対して日常生活に必要な手続きや金銭管理をサポートする「日常生活自立支援事業」、さらには、介護保険や障害者総合支援法のサービスを活用しながら高齢者や障がい者の「在宅生活の支援」など、幅広い支援を展開しています。

　多くの社協では、ボランティアセンターを有しています。平常時の活動では、ボランティアのマッチング、ボランティアグループやNPOの立ち上げ・運営支援、さらに福祉以外の分野も含めた地域のさまざまな関係者がともに課題を解決するためのプラットフォームづくりなどを行っています。

CHAPTER

2

準備する

心構えと事前準備

| 第2章 | 準備する

▶ 現地に行くまでに何をしたらいいの？

　インターネットで調べた結果、あゆむさんは、来週から平日と週末の5日間を使って、「Y町災害ボランティアセンター」を通じて災害ボランティア活動に参加することを決めた。アルバイト先にも休みの申請を終え、まず明日から持ち物や移動手段の準備をすることにした。

　受付時間や集合場所はわかったが、あゆむさんの住む京都からだとY町までの移動だけで結構お金がかかる。「夜行バスがあるかな？　そういえば、どこに泊まればいいんだろう？　ホテルも予約しなきゃいけないのかな？」

　ボランティアの作業内容は、主に浸水した家屋の清掃とあった。軍手やマスク、長靴を持ってくるようにと書いてあるが、長靴は持っていない。「Y町に着いてから、買えばいいか。あれ？ 被災地だから、現地のお店は営業してないのかな？」
　「あと、『ボランティア活動保険』って何だろう。もうちょっと細かく情報を載せてくれたらいいのに……。こんなこと知っていて当たり前なのかな？」
　「そもそも、こんな経験もない大学生が行って迷惑かけたりしないのかな？　ちょっと不安になってきた……。」

| 第2章 | 準備する

▶POINT

　初めて災害ボランティアに参加するのであれば、誰にだってわからないことや不安があるものです。

　「災害ボランティアセンター（災害VC）」のホームページには、災害ボランティアの参加条件や集合場所と時間、予定される作業内容、持ち物などの募集要項が掲載されているはずです。まずは、よく読んでください。FAQなどのページも参考になるでしょう。ただ、それでも自分が知りたい情報のすべてが書いてあるわけではないでしょう。

　そこで、第2章では、災害ボランティアとしての心構えと事前準備について紹介します。

　心構えには、「自己完結」「自己責任」「被災地・被災者への配慮」「多様性の尊重」の四つをあげています。

　事前準備については、遠方から被災地まで移動する外部支援者としてのボランティアを想定して、移動や宿泊についてもまとめています（被災地の地元に住んでいる人であれば、この辺りは読み飛ばしてもらっても大丈夫です）。

　必要な準備は、地域や被害の状況、作業内容、フェーズ（局面・段階）によって異なります。基本的な考え方をまとめたつもりですが、実際にボランティア活動に参加するときには、この内容を参考にしながら、現場の状況に合わせて応用して役立ててください。

心構え①　自己完結

自分で準備できることは、自分でやる

　「ボランティア元年」と呼ばれた1995（平成7）年の「阪神・淡路大震災」では、全国からたくさんのボランティアが神戸の街に応援にやってきました。大きな被害を免れた大阪からも歩いて行ける距離だったことも、これを後押ししました。

　当時は、まだ災害VCという機能は定着しておらず、誰かが大々的にボランティアを募集したわけでもなかったので、当然、持ち物などのボランティアが準備するものも示されていませんでした。

　神戸に到着して自分の食料を購入しようとしても、営業しているお店が少なく、また営業していても品不足でした。仕方なく、被災者向けの炊き出しにボランティアが並んでしまうこともありました。屋根のある宿泊場所を確保できず、ただでさえ人であふれている避難所にボランティアも寝泊まりし、より狭くなってしまうなど、被災者に負担をかけてしまう場面もありました。

　このような反省から、ボランティア自身が利用するものは「自己完結」で準備して持参することが基本とされています。もちろん、災害発生から日がたてば、現地のお店での飲食や買い物は被災地への経済的な支援にもつながります。ボランティアに参加する場所やタイミングによって適した持ち物など準備が異なるので、必ずその都度確認するようにしましょう。

　十分な現地情報がつかめない場合には、たとえ使わないとしても、さまざまな物を少し多めに持参するとよいでしょう。

第2章 準備する

　事前確認は大切ですが、初めての災害ボランティアで不安だからといって、被災地の災害VCに電話をかけるのは控えましょう。問い合わせが殺到して大きな負担をかけてしまいます。「1週間後にボランティアに行きますが、天気や気温はどの程度ですか？」といった電話もありますが、この問い合わせを受けた電話口の担当者は、インターネットで天気と気温を調べるだけです。天候以外にも、災害VCのホームページにきちんと記載されている情報についての問い合わせには、おそらく「ホームページを見てください」と答えが返ってくるでしょう。

　自分で確認できる情報は自分で確認する。これも「自己完結」の考え方の一つです。

心構え② 自己責任

健康管理を心掛け、がんばり過ぎない

　被災地での活動には、けがや病気、事故のリスクがあります。特に災害発生から日が浅い被災地は、二次災害が発生しやすい環境であったり、壊れかかった建物や割れたガラスの周辺での作業かもしれません。数か月が過ぎると、安全面や体力面での心配が少ない環境や作業内容に変化します。緊急期（18頁参照）のボランティア活動に参加する自信がない人は、しばらく参加を見送り、「次の時期を待つ」という選択肢をもつことも大切な「自己責任」の考え方です。

　例えば、夏の集中豪雨や台風シーズンに発生した水害の場合、災害VCのスタッフが水分補給やこまめな休憩を促し熱中症対策を呼びかけますが、呼びかけの有無にかかわらず、自分の体調と相談しながら活動するのが「自己責任」です。

　地震の被災地では、ホコリや粉塵を吸い込んで、のどを傷め体調を崩したという例もあります。これらは被災者も同じですが、ボランティアならではのリスクもあります。

　慣れない作業には、非日常の緊張感があり、神経も使うでしょう。さらに体力を使う内容であれば、肉体的にも疲労がたまります。集中力を欠いた状態での連日の作業は、けが・病気、事故のリスクを高めてしまいます。集団で宿泊するのであれば、一人の風邪や感染症が周りにも影響します。

　もしものときのことを考えて、ボランティア活動のための保険（36

頁参照）には必ず加入するようにしてください。

　被災地の医療機関は、被災者の対応に追われているかもしれません。そのうえに、ボランティアのけがや病気が相次ぐ事態は避けなければなりません。また、目の前でボランティアがけがをした姿を見た被災者は、「私がボランティアを頼んだばっかりに。悪いことをしてしまった」といった罪悪感を抱いてしまうかもしれません。
　せっかく貴重な時間とお金をかけて準備をしてボランティア活動に参加したのだから、「被災者のために」と、いつも以上にがんばりたい気持ちはわかりますが、やはり無理は禁物です。

心構え③　被災地・被災者への配慮

被災者の気持ちを想像して寄り添う

　家族や友人、自宅や大切な思い出の品、仕事や生きがいなど、被災者が失ったものはたくさんあります。生活環境の変化に慣れるのにも時間がかかります。住宅の修繕や仮設住宅への入居など、これまで考えてもみなかったような初めての問題に直面しているかもしれません。被災経験のないボランティアが、被災者の立場をすべて理解するのはむずかしいことですが、なるべく被災者の気持ちを想像し、配慮した言動を心掛けましょう。

　初めてボランティア活動に参加し、家屋の清掃作業を終えてきれいになった建物を見れば、誰だってうれしくなります。依頼主である住民の方と一緒に集合写真を撮影することもあるかもしれません。そのこと自体は悪いことではありませんが、その隣に暮らす住民の方は、まだまったく生活再建のめどが立っていないということもあります。そんなときに、ピースサインをしてはしゃぐボランティアの姿を目にしたら、どんな気持ちになるでしょうか？

　また、大切にしていた家財道具を、ボランティアが「がれき」や「災害ゴミ」と呼んでいるのを耳にしたとき、被災者は悲しい気持ちにならないでしょうか？

　被災してからずっと歯を食いしばって努力している被災者にかける言葉として、「がんばってください」が適切でしょうか？

　水害時のボランティア活動において大切にしていることに、「泥を見るのではなく、人を見る」という言葉があります。被災者の一日も早い生活再建のためには、効率のよい家屋の清掃作業を追求する姿勢も必要かもしれませんが、同時に依頼主の住民とのコミュニケーションも大切にしましょう。

　ボランティアからは、「被災者とどんな会話をしていいのかわからない」という声もよく聞きます。ボランティアは、トレーニングと経験を積んだ専門家ばかりではありませんから、悪気のない不適切な言動やミスのすべてを防ぐことはできません。あまり神経質になり過ぎる必要はありませんが、それでも、「被災者の抱えている苦しみを想像して寄り添う」という姿勢だけは忘れないようにしましょう。

心構え④　多様性の尊重

一人ひとりの違いを認識し、大切にする

　被災者といっても、その状況は一人ひとり違います。年齢や性別はもちろん、家族構成によっても災害時のニーズが変わってきます。建物の被害も、一部損壊、半壊、大規模半壊、全壊などの種類に分かれ、補償内容やその後の生活再建の道筋も異なるでしょう。

　地域特有の文化もあります。「平成の大合併」と呼ばれた市区町村の合併後は、行政上は一つの地域でも、そこに暮らす住民はそれ以前の地域や文化を大切にしていることもあります。例えば、「東日本大震災」（2011年）後には、それまで外部との交流の機会が少なかった地域の場合、都会からやってくる見ず知らずのボランティアに対して疑心暗鬼だった人も多いはずです。

　高齢者や障がい者、乳幼児や妊婦、日本語ができない外国人などは、単独での避難行動がむずかしかったり、集団生活でも特別なケアを必要とすることから「災害時要配慮者」と呼ぶことがあります。高齢者や障がい者は、これまでの災害で死者の割合が健常者の2倍以上にのぼるなど、国や各市区町村でも対策をすすめているところです。

　男性中心のメンバーで避難所の運営を行ったことで、寝る場所や着替え、洗濯、トイレ、授乳スペースなど、女性やLGBT（性的マイノリティー）などへの配慮が不十分だったという事例もたくさん報告されています。マイノリティーの立場にある当事者は、「非常時に自分のことで手間を取らせるのは申し訳ない」と我慢をしているかもしれません。ボラン

第2章 準備する

ティアは、非常時だからこそ、一人ひとりの多様性と向き合う姿勢を大切にするべきだと思います。

　また、被災地に集まるボランティアも同じように多様です。初めてボランティア活動に参加する人もいれば、何度も活動経験があるベテランもいるでしょう。災害 VC を通じて初めて出会い、一緒にチームで活動するなかで意見が食い違うこともあるかもしれません。それでも、同じように被災者の役に立ちたいと集まったメンバーです。他人の意見も一つの考え方と認め、お互いの多様性を尊重しながら仲良く活動するように心掛けましょう。

ボランティア活動のための保険

事前に必ず加入する

　被災地での災害ボランティア活動には、さまざまな事故によるけがなどのリスクがあります。事前に必ずボランティア（活動）保険に加入しましょう。災害ボランティア活動に限らず、その他さまざまなボランティア活動も対象です。住所や国籍に関係なく、最寄りの社会福祉協議会の窓口で申し込むことができます。

　ボランティア（活動）保険には、本人のけがなどへの補償に加え、活動中に物を壊してしまったり、けがを負わせてしまったりした場合の賠償責任も補償されます。保険料は1年間で数百円から千円程度。プランによって異なります。

　災害発生からまだ日の浅い被災地であれば、活動中の地震・噴火・津波などによるけがも対象となる天災プランへの加入がおすすめです。

　補償期間は最長1年間で、何月に加入しても年度末の3月までが補償期間です。団体契約保険のため、市区町村によって内容が異なることがあります。説明書の内容を確認しておきましょう。

　補償期間は、申し込んだ翌日の0時からはじまります。災害時には、加入時にすぐ適用になる特例措置が取られる場合もあります。ただ、遠方から被災地に移動して災害ボランティア活動に参加する場合には、前日から移動をはじめることもあるでしょう。移動中のけがも対象としてカバーされるので、出発の前日までに加入しておくことを心掛けましょう。加入を済ませておくことで、当日、災害VCでの受付・登録の混雑

| 第2章 | 準備する

も回避できます。

　活動中にけがをして被災地の医療機関で治療を受けた際は、領収書の提出などにより後日補償を受けることができますが、いったんは自己負担での支払いになります。場合によっては高額を立て替える必要もあるかもしれないので、ボランティア（活動）保険の「加入証明書」だけでなく、健康保険証も持参するといいでしょう。

　なお、企業、法人、学校などの単位で、団体ボランティアとして活動する場合には、普段から団体が加入している保険や学生向けの保険でカバーされることもあります。業務や授業の一環としての参加がボランティア活動にあたるのかどうかがポイントになるので、気になる場合は保険会社等に一度確認してみてください。また、一般の傷害保険や賠償責任保険でカバーされる場合もありますので、自身が加入している保険の内容を確認しておきましょう。

　災害 VC の業務と費用負担の軽減を図るとともに、災害 VC の受付時間の短縮を図るために、「ボランティア活動保険」では、Web から加入できる仕組みを開発中です。（2019 年秋、稼動予定）
　利用可能となった後は、「全社協 被災地支援・災害ボランティア情報」（https://www.saigaivc.com/）または、災害 VC の Facebook などから「保険加入サイト」にアクセスして保険に加入することができるようになります。ただし、Web による保険加入は、災害 VC の開設時に限ります。

服装と持ち物

活動中に身に着けるものと生活用品を準備する

　災害ボランティアの活動には、さまざま種類があります。活動内容によって作業に適した服装は異なりますが、汚れたり傷ついたりしやすいので使い捨てになるかもしれないと考えておきましょう。

　災害 VC では、長靴などの一部の装備品を借りられることがあります。ただ、数には限りがあり、サイズや使い勝手までは約束できません。作業に必要な資機材や道具は災害 VC から借りて使うことが一般的ですが、自分が身に着ける衣服や装備品は持参することが基本です。

　活動内容が炊き出しの調理であれば、衛生管理を目的とした服装や装備品が必要です。髪の毛が落ちないように帽子をかぶったり、唾が飛ばないようにマスクをしたり、食材を直接触らないためのビニール手袋の使用やエプロンの着用が適しています。

　泥や土砂が入り込んだ家屋の清掃作業であれば、安全管理を目的とした装備品や服装が必要です。安全靴（長靴に鉄板入りの中敷を入れるなどで代用可）、革製の手袋、防塵マスクや、上下の外衣（アウター）は防水性のヤッケ（作業用の防風衣）などがおすすめです。暑い夏の時期でも、けがの予防を考えて長袖での作業となります。たくさん汗をかくので、インナーには吸水性があり乾燥に便利なスポーツシャツなどが適しているでしょう。

　また、遠方からの参加であれば、被災地周辺での宿泊をともなうので、持ち物には生活用品の準備も必要になります。ホテルや旅館を手配する

| 第2章 | 準備する

※ NPO法人レスキューストックヤード発行パンフレットより

こともあれば、ボランティア向けのテントサイトや共同生活の施設を利用できることもあります。コインランドリーが施設や周辺にあれば洗濯もできますが、衣類の量・枚数も宿泊先の環境次第です。

　周辺のコンビニやスーパー、飲食店が営業しているのか、宿泊先で炊事ができるかどうかなど、衣食住に関する情報は、事前にきちんと確認しておきましょう。十分に情報がつかめない場合には、使わない可能性があるとしても少し余分に持っていくほうがいいでしょう。

移動と宿泊

被災地の状況に合わせて最適な手段を選ぶ

　遠方から被災地に向かう場合の交通手段では、新幹線、電車、高速バス、場合によっては飛行機など、公共交通機関の利用が選択肢の一つです。2013（平成25）年に発生した東京都伊豆大島での土砂災害は、離島だったため、最も多くのボランティアが利用したのはフェリーでした。

　また、自家用車やバイクなどでの移動手段も考えられます。どの手段を選ぶにしろ、現地までの移動にかかる交通費はボランティア本人が自己負担することが基本です。

　災害発生から日が浅い被災地には、道路状況が悪いなか、行政や関係機関、復旧工事など、多くの関係者が入ってきます。その多くが車両を利用するため、渋滞が起こりやすい状態が続きます。そこへボランティア一人ひとりが自家用車で被災地に入ると、さらに渋滞を悪化させてしまいます。ボランティア活動ではできるだけ公共交通機関を利用するようにしましょう。

　ただ、公共交通機関も被災して電車が動いておらず、臨時バスでの移動となるかもしれません。わかる範囲で事前に調べたうえで、時間に余裕をもって動くようにしましょう。

　自家用車で移動する場合には、いろいろな想定をしておきましょう。道路標識が折れていたり、道路のひび割れ・陥没、カーナビが教えてくれない通行止めなど、日常の運転とはかなり勝手が違うかもしれません。

駐車場が別の災害対応の用途に使われていて、駐車する場所が見つからないといった声を聞くこともあります。現地での移動に自家用車が役立つことはありますが、こういった非日常の環境での運転であると理解して選択するようにしましょう。

　宿泊先については、「服装と持ち物」（38 頁参照）でもふれましたが、どこに泊まるのかを事前に確認し、必要に応じて事前予約を済ませましょう。災害 VC が宿泊先を紹介することはほとんどありませんが、災害 VC の掲示板に、地元の施設や店舗が行っているボランティア向けの割引サービスなどの情報・チラシが貼ってあることがあります。また、NPO・支援団体がボランティア向けのテント・キャンプサイトを運営していたこともあります。

「ボランティアバス」を使った移動が企画されることも

Column

2

誰がすすめるの？　「要配慮者」への支援

　2011（平成23）年の「東日本大震災」で、高齢者や障がい者が津波から逃げ遅れ、避難生活においても多くの困難に直面した教訓から、内閣府（防災担当）は「（災害時）要配慮者」への対策を強化するためのガイドラインを作成しました＊。一つが、自力でのすばやい移動がむずかしい住民の名簿を把握し、災害発生時の避難を手助けできる仕組みをつくること。もう一つが、「福祉避難所」などの二次避難所の開設・運営を含めた、避難所の生活環境の改善です。

　ガイドラインでは、要配慮者は「高齢者、障害者、乳幼児その他の特に配慮を要する者」とされていますが、「その他」には、傷病者、女性やLGBT（性的マイノリティー）、日本語が不慣れな外国人、食物アレルギーや宗教・文化的背景から食事のメニューに配慮が必要な人なども含まれると考えるべきでしょう。

　要介護認定や障害者手帳等から行政が名簿を把握できるのは一部です。また、その名簿も個人情報保護の観点から、関係者であっても誰でも共有できるというわけではありません。乳幼児が成長したり、高齢で亡くなったり、引っ越しによる転入・転出もあるので、毎年の名簿の更新だけでもとても大変な作業です。

　国のガイドラインは、時間をかけて都道府県、市区町村、各施設の計画へと反映され、その後ようやく職員研修や訓練が実施されます。その間に、災害に見舞われないとは限りません。要配慮者対策が整備されることは大切ですが、行政や専門家任せではなく、近隣住民やその場にいる人こそがこうした方々を支援できる存在だと認識しておきましょう。

【注＊】「避難行動要支援者の避難行動支援に関する取組指針」（内閣府防災担当、平成25年8月）、「避難所における良好な生活環境の確保に向けた取組指針」（内閣府防災担当、平成25年8月／平成28年4月改定）、「福祉避難所の確保・運営ガイドライン」（内閣府防災担当、平成28年4月）

CHAPTER

3

活動に参加する

ボランティアの受付から報告まで

| 第3章 | 活動に参加する

▶ ボランティアの一日は、どのようにすすむの？

　　あゆむさんは、夜行バスで九州南部Y町にやってきた。災害ボランティアセンターに到着したのは、朝8時半。集合時間まではまだ30分あるが、すでにたくさんの人がきている。「地元の人が多いのかな？　受付前からヘルメットかぶって、やる気満々の人もいるなぁ。すごいや。私以外に、初めて参加する人もいるのかな？」

　　受付を済ませてから、ずいぶん長く待った。でもその間に、同い年ぐらいで初めてボランティア活動に参加するという人と知り合った。その後スタッフの人から、ある家の清掃に5人ほどボランティアが必要ということだったので、その人と一緒に手をあげて立候補した。間もなく男女5人のチームが決まった。

　　作業場所まで遠いので、ボランティアの車で移動してほしいとのこと。勝手に歩いていくものだと思い込んでいたが、「確かにセンターから遠いところもあるよね」と納得した。チームに地元の人がいて、車で来ていたので助かった。道もわかるみたいだし……。
　　清掃用の道具一式も受け取ったが、なかには珍しいものもある。「誰も使い方を聞かなかったけど、みんな知っているのかな？　スタッフの人が現場に着いてから教えてくれるかな？」

　　さて、出発の時間。5人で駐車場に向かう。
　　「あれ？　スタッフの人は一緒に行かないの？　5人とも被災した家の清掃なんて初めてなのに。道具の使い方も知らないし、そもそも何から手をつけたらいいんだろう……。」

第3章 活動に参加する

▶POINT

「災害ボランティアセンター（災害VC）」の仕組みは全国統一ではないので、参加する先で少しずつルールが違うと思いますが、災害ボランティアのおおよその一日の流れについて紹介します。

　災害VCは、屋外にテントを張って設置されている場合もあれば、施設内に受付が準備されている場合もあります。受付時間は朝9時頃からの午前中の時間帯が中心です。個人参加であれば一人ずつ、団体参加であれば代表者が受付を済ませます。ボランティア活動のための保険（36頁参照）の加入確認も行います。受付が終わると、しばらくは待機です。
　その後、災害VCの担当者から作業内容の説明等があり、必要な人数のボランティアでチームをつくります。リーダーを決め、資料や道具を受け取ってから災害VCを出発します。作業場所が近くであれば徒歩で、遠くであれば公共交通機関やマイクロバス、ボランティアの自家用車に乗り合わせて移動することもあります。

　作業場所に到着すると、その家の人（依頼主）に災害VCから紹介されてきたボランティアであることを伝え、その日の作業内容について再確認をします。
　作業後は直帰するのではなく、決められた時間までに一度災害VCに戻ります。作業着や長靴の消毒、手洗い・うがいをして、借りた道具も洗って返却します。最後に、「活動報告書」にその日の作業内容や申し送り事項を記入して提出します。
　これで一日の活動が終了です。連日ボランティア活動に参加する場合にも、この流れを繰り返します。

　本章では、それぞれの段階での留意点等をご紹介します。

活動内容と場所の決定（マッチング）

災害ボランティアセンターで、当日の動きを調整してもらう

　災害VCでは、被災者からのニーズに合わせて、ボランティアに活動を紹介することを「マッチング」と呼びます。仮に、家屋清掃のニーズ1件につき10人のボランティアが必要とすると、10件のニーズに対して100人のボランティアがマッチングされることになります。

　ただ、災害が発生してからしばらくは、ボランティアの事前登録制をとるところは少ないため、その日の朝の集合時間になってから人数が把握できることがほとんどです。その日に対応しようと思っていた10件のニーズ（100人必要）に対して、30人しか集まらないこともあれば、逆に300人が集まってしまうこともあります。依頼主である住民と連絡をとって、翌日以降に対応を延期したり、10人ではなく5人一組のチームでマッチングしたりする調整がその場で行われます。

　その日に対応すべきマッチングが終わってしまえば、せっかく集まってくれたボランティアだとしても何人かは断らざるを得ないこともあります。

　そして、何人のボランティアが集まるのかが当日初めてわかるという性質上、マッチングには時間がかかります。朝、災害VCで受付をしてから、マッチングされるまで、長く待機が続くこともありますが、「待つのもボランティア」と理解することを心掛けましょう。

マッチングは単なる人数調整ではありません。傾聴やサロンなどの活動ではリラックスした雰囲気をつくるのも大切ですし、同世代や同性のほうが話しやすいと思う住民もいるでしょう。また、炊き出しでは、調理経験などのある人を優先したいというニーズもあります。災害VCの担当者もそうしたことは理解しているので、ボランティアの年齢、性別、経験なども考えたうえで、適材適所で活躍してもらいたいと思っています。

ただ一方で、あまり調整に時間をかけ過ぎると、どんどん作業の時間が削られてしまいます。丁寧さとスピード感を両立するのは、なかなか大変なことです。ボランティアとしては、もちろん自分の強みをいかせる作業があれば積極的に手をあげてもらって構いませんが、選り好みし過ぎない姿勢も大切にしましょう。

災害VCでのニーズとボランティアの「マッチング」のようす

マッチング後に、職員から詳しいニーズの内容の説明を受けるようす

活動チーム

メンバー構成と、リーダーの役割を確認する

　基本的には、ボランティアが一人で作業を行うことはありません。家屋内の清掃であれば、5〜10人程度のチームで動きます。場所が大きな施設や屋外の広場であれば、数十人単位で一緒に作業することもあります。また、ちょっとした荷物運びのお手伝いなどのように、2、3人で1時間程度などの少人数で活動する場合もあります。

　災害VCでのマッチングは、ニーズに合った適正人数で、当日募集が行われます。団体参加であれば一つのニーズをそのままグループにマッチングすることもあります。個人参加であれば、ボランティアが自分にもできそうだと思ったニーズに立候補して、人数がそろったらチームが完成です。依頼主の住民から「男性だけ」「女性だけ」などの特別な指定がない限りは、男女混合チームのほうが臨機応変な対応を取りやすいです。

　チームが決まったら、災害VCの担当者から、具体的な活動場所や内容、必要な資機材などの説明を受けます。

　メンバー同士は初対面がほとんどなので、まずは簡単に自己紹介をしましょう。

　また、チームのなかでリーダーを選ぶことが通例です。ボランティア経験者がいればその人が担うことが多いですが、全員が初めての活動であれば、あまり年齢や経験値にとらわれる必要はありません。リーダーは、メンバーの点呼等を行い、何か質問や困ったことがあったときに災

害VCとの連絡窓口になってくれる人です。

　依頼主である住民も、5人や10人のボランティアから一気に話しかけられても困ってしまうので、リーダーがあいさつやコミュニケーションの中心を担うと考えるのがいいかもしれません。欲を言えば、作業の段取りを指示したり、けが・病気、事故を防ぐ安全管理ができることが望ましいのですが、その部分は経験値や知識、スキルが問われます。

　リーダーだって同じボランティアなので、わからないこともたくさんあるでしょう。リーダー一人に頼り過ぎず、チーム内で互いの役割分担を話し合い協力し合って、気持ちよくその日一日の活動ができるように心掛けましょう。

ニーズの再確認

依頼主と、現場であらためて相談する

　ボランティアは、被災した住民から災害 VC に寄せられたニーズ（16頁参照）に対して活動します。災害 VC では担当者から、その情報が書かれた「ニーズ票（呼び方は異なる場合がある）」をチームごとに受け取ります。「ニーズ票」には依頼主の住所や連絡先といった個人情報も記載されているので、活動終了後の返却時まで無くさないように大切に扱いましょう。

　作業場所に到着したら、まずは依頼主を探しましょう。作業内容によっては依頼主が施設の担当者やイベントの主催者といった場合もあります。

　依頼主と災害 VC で受け取った「ニーズ票」を見ながら、その日の作業についてあらためて確認してください。大きな災害では、災害 VC には何百件というニーズが寄せられます。優先順位も考えつつ順番に対応するので、依頼主が災害 VC にお願いしてから日がたっていて状況が変わっているかもしれません。現場での最終確認が大切です。

　依頼主の住民は何人ものボランティアから一斉に質問攻めにされると混乱してしまうので、なるべくリーダーがまとめてコミュニケーションできるといいですね。

　以前、被災された方から、「ボランティアに午前中は家財道具を搬出してもらい、午後はその片付けをお願いして外出したの。家に戻ったら、もう一度使いたいと思っていた食器も全部捨てられてしまっていて……。

泥だらけだったから、わかりづらかったと思うし、伝えていなかった私が悪いから、仕方ないわ」といった話を聞いたことがあります。被災者とボランティア、お互いに確認不足だった事例です。

　ただ、人生のなかで何度も被災した経験をもつ人はまれです。被災者の多くは、初めての経験です。地震や水害で自宅の建物が被害を受け、家財道具が壊れ、水や土砂が入り込んだ後に、どうやって復旧すればいいのか、住民自身も具体的な道筋を知っているわけではありません。また、それに対応するボランティアもプロ集団ではありません。

　住民はどこまでお願いしていいのか、ボランティアはどこまで引き受けるべきか、迷うかもしれません。わからないことは、お互いに一つずつ相談しながら、丁寧に作業をすすめるように心掛けましょう。

作業内容は、あらためて現場で依頼主の住民と一つずつ丁寧に確認（雪害時のようす）

作業例① 家財道具の搬出

廃棄するものと、もう一度使うものの確認も忘れずに

　地震などで壊れた家具や家電製品は、災害廃棄物として処分することになりますが、住民が一人でこれらの家財道具を回収場所まで運ぶのは大変な作業です。水害や土砂災害であれば、ぬれた畳は大人４人がかりで一枚を運ぶのがやっとです。高齢者世帯などでは、自分で搬出するのがむずかしく、多くのボランティアの人手を必要とします。

　家屋内から搬出する家財道具のなかには、廃棄するものとまだ使えるものとが交じっています。廃棄するかどうかは、依頼主である被災者の判断です。ボランティアが見た目で判断せず、必ず依頼主本人にどうするかを確認しながら作業をすすめましょう。

　例えば、泥だらけで破れてしまった写真でも、きちんと洗浄すればある程度まできれいに復活します。「平成30年7月豪雨」（西日本豪雨）では、写真洗浄のボランティア活動も行われました。

　災害廃棄物となる家財道具は、行政による災害対応の一環で回収されます。私有地に置いていても回収対象にはならないので、家屋内から庭などに搬出するだけでなく、近くの回収場所まで運ぶようにしましょう。

　被災地ではたくさんの廃棄物が出るので、回収のスピードが追いつかないこともあります。一定期間はその場に放置され、地域住民の目にさらされます。捨てるものとはいえ、最低限の分別や整理は心掛けましょう。

まずはいったん屋外に搬出し、家屋内の清掃が終わってから、もう一度使えるかどうか考えたいと思っている物もあるでしょう。しばらくは屋外での保管が続くので、雨対策も考えてブルーシートをかけておくといった配慮ができるといいですね。

　家財道具の搬出中に壁にぶつけて穴を開けてしまうなどの不注意がないように、チームで声を掛け合って作業しましょう。とげや釘が飛び出していて、けがをしてしまったという報告もあります。布製の軍手よりも革製の作業用手袋の着用が、けがの予防に有効です。
　また、切れた電線やガスボンベ、薬品や注射器などの医療器具は、専門的な知識のないボランティアがむやみに触ると危険です。依頼主から電気やガスの会社、医療関係者など、それぞれの専門業者に連絡してもらうようお願いしてください。一般のボランティアには扱いがむずかしい危険物まで、搬出を手伝う必要はありません。

地震や水害で壊れた家財道具の搬出を手伝うボランティア

作業例② 泥・土砂の除去

水害や土砂災害で、最も多くの人手を必要とする作業

　テレビ報道などでボランティアが泥かきをしている姿を目にしたことがある人も多いでしょう。水害や土砂災害では、家屋内や庭などに泥や土砂が流れ込みます。同じような被害は周辺の家屋にも発生していることが多いので、たくさんのボランティアの人手が必要です。

　被災者個人が業者に清掃等を依頼すれば支払いが発生しますし、こういった土木・建築関係の会社は公共施設の復旧等の対応に手一杯で、個別対応が追いつかず、何か月も順番待ちをしなくてはならないこともあります。一日も早い自宅での生活再建をめざすのであれば、現状ではボランティアの協力を得ることが最も有効な方法だろうと思います。

　流れ込んだ泥や土砂は、さまざまなものを含んでいます。割れたガラスや食器など、けがをしやすい鋭利なものも含んでいるでしょう。海や川、土の中に潜んでいた細菌なども含んでいるかもしれません。作業する季節によっては暑くなりますが、泥や土砂が直接肌に触れないように、なるべく長袖・長ズボンの上にヤッケ（作業用の防風衣）などを着て活動しましょう。

泥・土砂の除去に適した服装

ホコリを体内に吸い込んでしまわないようにするための防じんマスクや、目に入らないようにするためのゴーグルを着けるなど、けがの予防に努めましょう。

使う道具もさまざまです。掘ることを目的とした剣スコップ、すくうことを目的とした角スコップ、狭い場所での細かい作業に適した小さめのスコップなど、スコップだけでもたくさんの種類があります。

集めた泥や土砂は、指定された場所に運びますが、土のう袋に入れて運ぶことがあります。土のう袋は、袋いっぱいに詰めてしまうと、口がしっかり閉まらず中身が漏れたり、運ぶときに重過ぎたりして、次の作業に支障が出ます。袋の6、7割程度に詰めて、縛った口をつかんで片手でも持ち上げられる程度の重さにしましょう。

土のう袋を使って、泥や土砂を搬出するボランティア

作業例③　家屋の清掃

知識と経験が必要な床下・壁・天井の清掃

　家屋は、水害で浸水した後そのままにしておくと、悪臭やカビ、白ア
リの発生などにより、健康被害や建物の傷みにつながります。水を含ん
だ断熱材も同様の被害につながります。業者に依頼しても対応が追いつ
かないことが多く、清掃や修繕費用がかさみます。

　ボランティアは、家屋1階部分の泥・土砂の除去が終われば、床下・
壁・天井など浸水部分の清掃を手伝うことがあります。

　家屋の清掃作業は、泥・土砂の除去に比べると、やや知識や技術を必
要とする作業です。家屋を傷付けたり、ボランティアのけがや病気、事
故にもつながりやすいことから、災害VCでは危険作業と位置づけて依
頼を引き受けないこともあります。ただ近年では、なるべく床下・壁・
天井の清掃も手伝えるようにと、各地で研修が実施されたり、手引書が
作成されるようになってきました。

　床下の清掃には、床材を剥がして土砂の除去をする場合と床下に潜る
場合の大きく2種類の方法があります。バールなどの日常生活ではあま
り使わない道具類も使います。床下の泥や土砂を除去した後は、送風機
や扇風機でじっくりと乾燥させ、場合によっては消毒をするところまで
が一連の作業です。1日の作業では終わらないでしょう。

　壁や天井にも同様の一連の手順がありますが、ここではこれ以上の具
体的な作業方法は省略します。一般的には、きちんとした作業の指示と
安全管理ができる技術系ボランティアと呼ばれるリーダーのもとで作業

をすすめます。

　自分の家が浸水することを想定して家を建てる人はまずいないので、依頼主である住民にもどこまで家屋内の清掃が必要かを認識している人はほとんどいません。丁寧に作業すれば何日も要するニーズなので、過去の災害現場での経験者や専門分野の関係者がきちんと下見をするといった事前調整があるはずです。
　もし、現場で新たに依頼主から床下・壁・天井などの清掃を頼まれた場合は、ボランティアが判断するのではなく、災害VCの担当者やリーダーに伝えてください。

水害時に、床下の清掃をするボランティアのようす

終了後の報告と片付け

その日最後の作業－きちんとした報告が次につながる

　作業を終えたら、いったん災害 VC に戻って報告します。災害 VC の
スタッフはそれらの報告をまとめ、翌日以降の活動に関する運営会議を
行うのが通常です。そのためにもボランティアは午後 3 時～5 時ぐら
いには戻ってくるように指示があるはずです。

　作業場所では、忘れ物がないかを確認し、依頼主の住民にきちんとあ
いさつをしてから帰りましょう。

　作業に使った道具の多くは、募金で購入したり寄贈されたものです。
きちんと洗って、翌日以降も使いやすいように整理整頓して返却しましょ
う。

　大切に長く使うことも大事ですが、一方では消耗品でもあり、交換が
必要な場合もあります。「スコップのねじが緩んでいたけれど、これぐ
らい大丈夫だろう」と、誰にも報告せずに返却した結果、翌日、それを
使ったボランティアが途中で壊れて困ったり、もう一歩でけがにつなが
りそうだったという事例もあります。不具合や故障があれば、必ず報告
するようにしてください。

　また、解散前に「活動報告書」の記入と提出をお願いされるはずです。
あるいは、報告書ではなく、反省会やミーティングを通じて振り返りを
するかもしれません。

　報告書は A 4 判用紙 1 枚程度のものですが、「今日はどこでどんな作
業をしたのか」「どこまで作業がすすみ、明日以降も継続の必要があるか」

使った資機材は、洗って整理整頓して返却。故障や不具合があれば必ず報告

など、項目ごとに丁寧に記入しましょう。その日に終わらなかった作業は、次に別のボランティアが引き継ぐことになります。その際、「ニーズ票」（50頁参照）とあなたの書いた報告書がセットで渡されることもあるので、他のボランティアが読んでも理解できるように、なるべくわかりやすく書いて提出してください。

　小さなことでも、けが・病気、事故などの報告も記載してください。例えば、翌朝のボランティアのオリエンテーションで、「昨日、軽い症状でしたが、熱中症とみられるボランティアがいました。暑い時期にもなってくるので、これまで休憩は1時間に1回と言っていましたが、今日からは20分に1回とるように心がけましょう」といった大切な案内ができるのは、その報告書の記載を見たからです。
　一日の作業でヘトヘトだとは思いますが、その日の最後の活動と考えてがんばってください。

Column
3

「1 + 1 = 3」にする協働の力

　災害対応の分野でも、近年「協働」が注目されています。役割分担や連携といった考えより、さらにもう一歩踏み込み、お互いの強みと弱みを知り、得意分野、適材適所で協力することで「1 + 1 = 3」の成果をつくり出すイメージです。

　大きな災害になればなるほど、被災地には実に多様な支援者が集まります。法律や災害協定によって業務内容が決まっている行政や関係機関の人たちもいます。災害VCも、多くの場合、市区町村ごとの計画（地域防災計画）の一部に位置づけられています。

　また、「困っている被災地・被災者のために役立ちたい」と自主的に活動する、災害ボランティア、民間のNPOや支援団体もいます。被災地での豊富な活動経験をもつ人や団体もあれば、子どものケア、医療や福祉、重機を使う作業などの得意分野をいかした支援ができる団体もあります。

　しかし過去には、「ある避難所では炊き出しが余っているのに、別の避難所には全くない」「隣町にはボランティアが連日1,000人も集まり、この町にはたった50人」といった、支援に漏れやむらが出てしまった反省があります。このような課題を解決するために、2016（平成28）年に「全国災害ボランティア支援団体ネットワーク（JVOAD）」が発足し、行政や関係機関、NPOや支援団体、災害ボランティアの協働体制づくりに取り組んでいます。

　被災地で定期的に開催される「情報共有会議」では、「どう協働すれば、この被災者のニーズを解決できるか」を具体的に議論し、たくさんの「1 + 1 = 3」が生まれています。

CHAPTER

4

身を守る

災害ボランティアの安全管理

| 第4章 | 身を守る

▶ 被災地での活動は、どんなことに気を付ければいいの？

　依頼主のお宅に到着したあゆむさんと4人のボランティア。全員が初めてで少しドキドキしていたが、依頼主が今回で3回目のボランティアの受け入れということで、わかりやすく今日の作業について教えてくれた。

　ここは床上1mほど浸水したそうで、1階部分の汚れがひどかった。前回来たボランティアが駄目になった家財道具を搬出した後で、今日からは1階の清掃を、その後は床下の掃除もお願いしたいとのことだった。
　作業中、足元には割れたガラスや壊れた家財道具の破片が散らばっていることに気付いた。庭に出ると、瓦も落ちている。台風の風が相当強かったそうで、屋根には落ちてきそうな瓦も何枚かある。「ちょっと怖いからヘルメットをかぶっておこう。災害VCで借りられて、よかった。」

　作業開始から何分ぐらいだろうか、リーダーに「一度休憩しよう」と声をかけられた。今日は曇りなので気温はそれほど高くないけれど、作業着が蒸すのでとにかく暑い。災害ボランティアセンターでさんざん「熱中症に注意」と言われたが、わかる気がする。
　トイレに行こうと思ったが、断水でこの家のトイレは使えないらしい。歩いて10分ほどのスーパーのトイレを使わせてもらうとのことだった。
　「作業をはじめる前に聞いておけばよかった……。」

| 第4章 | 身を守る

▶POINT

　一般的なボランティア活動にも、地域の清掃やイベントの手伝い、施設での子どもや高齢者、障がい者のケアのサポートなど、さまざまな種類があり、それぞれ注意すべき事柄もあります。ただ、"災害ボランティア"として被災地で活動するときは、ボランティア自身の安全面に対する注意が最も重要となります。

　本章では、作業中や、その前後の安全管理について紹介します。

　遠方から被災地に来た場合、周辺の地理や全体の被害状況などがよくわからないでしょう。「大きな地震の後には余震がある」とよくいわれますが、水害の場合にも、雨季や台風シーズンに続けて大雨が降ると、新たな場所で土砂崩れ等が発生することがあります。

　時間がたてば、復旧工事がすすみ、危険な建物は取り壊され、少しずつリスクは下がりますが、しばらくは特に注意が必要です。

　家財道具の搬出や家屋清掃といった作業では、けが・病気、事故の防止のために作業着と装備品を着用します。また、建物の周辺、足元や頭上に危険なものがないか確認して、作業開始前にしっかりチームで共有しておいてください。汗もたくさんかくので、熱中症対策も含め、頻繁に休憩を入れて水分補給をしっかり行いましょう。

　被災地での活動を終えて家に帰ってから、なかなか落ち着かず、日常生活のリズムに戻るのに時間がかかることがあります。程度の差はありますが、この「燃え尽き症候群」のような状態になることは誰にでもあり得ます。ボランティアを続ける場合は、無理をせずに、休みをきちんと取ってリフレッシュするように心掛けましょう。

二次災害

被災地は二次災害が起こりやすい環境と知っておく

　災害ボランティアが活動する場面で、割れたガラスやくぎ、壊れた家財道具の破片など、危険性があることは想像できるかもしれません。ただ、被災地ではもっと影響の大きい「二次災害」の危険性があることを知っておきましょう。

　日本で風水害が発生しやすいのは、夏の時期。つまり、大雨や台風シーズンですから、当然、数日後にまた大雨が降ってもおかしくありません。通常は川や地面が吸収できる雨の量でも、すでに大量の水分を含んでいるので、少しの雨でも洪水や土砂災害が引き起こされやすい状況です。

　また、大きな地震であれば余震にも注意が必要です。一度は震度6や7の大きな揺れに耐えたとしても、最初の揺れで建物がもろくなっているかもしれません。「平成28年熊本地震」では、本震後に二度三度と繰り返された強い余震が原因で倒壊した建物がたくさんありました。

　特に災害が起こってまだ日が浅い被災地は、河川や土壌、建物の耐える力が弱まっているため、次の災害が起こりやすくなっています。このタイミングで被災地に行く場合には、安全管理の研修やトレーニングを受けたNPOや支援団体の職員でも、「宿泊先は被災地から少し離れた場所を選ぶ」「自分たちの避難先を確認しておく」といった注意をしています。

|第4章|身を守る

　初めてのボランティア参加で不安があるようなら、少し参加する時期を遅らせるという選択肢ももっておきましょう。

　また、遠方からの参加であれば、ボランティアが活動中だけでなく、宿泊場所で共同生活を過ごすこともあるかもしれません。風邪や感染症がうつりやすい環境なので、毎日きちんと施設の掃除・整理整頓をし、うがいや手洗いも忘れないようにしましょう。
　ボランティア活動には不特定のたくさんの人が参加します。そうした環境では、ボランティア間でトラブルが発生することもあります。過去にはセクハラ被害や盗難が疑われるケースが報告されたこともありました。同じ志をもつボランティア同士、互いに思いやりながら、自分自身が被害者・加害者にならないよう十分注意し、自己管理に努めましょう。もちろん、ボランティアを受け入れる団体においても十分な配慮に努めることは言うまでもありません。

悪天候

中止・中断の覚悟と判断も大切にする

　悪天候の日は、災害ボランティアセンター（災害VC）がボランティアの受け入れを中止することがあります。雨で作業が危険であったり、場合によっては土砂崩れなどの災害も懸念されるからです。

　せっかく休みを取って遠方から参加したボランティアにとっては残念に感じるかもしれませんが、仕方がありません。悪天候が予想されるときは、活動前日や当日の朝に災害VCのホームページなどを確認しておきましょう。

　ボランティアの作業は屋外とは限らず、天候の影響を受けない内容もあるでしょう。家屋の清掃でも屋内部分だけを手伝うこともできますし、避難所で子どもたちの遊び相手になることもできます。悪天候であったとしても、定員や作業内容を限定してボランティアの受付を行う可能性はあります。

　災害VCの運営者にとって、中止の判断はなかなかむずかしいものです。台風情報や警報などにより、明らかに危険な場合には早めに中止を発表できますが、小雨や午後からの雨といった予報であれば、判断が前日の夜になったり、当日の朝になったりすることもあるかもしれません。

　また、災害VCを出発した後、日中の作業中に天気が急に崩れることも考えられます。チームリーダーに中止・中断の連絡が来るはずですが、チーム数が多ければその連絡にも時間がかかります。その場合は、チーム内で中止・中断するかを相談して決めましょう。

| 第4章 | 身を守る

　ボランティアがけがをしたり、事故に遭ったりすることは避けなければなりません。「このくらいの悪天候なら大丈夫」と考えるのではなく、無理をせず、安全第一を心掛けてください。

　悪天候で作業が中止になった日の過ごし方は、人それぞれです。連日の活動なのであれば、ゆっくりからだを休めたり、リフレッシュするのもいいでしょう。周辺の店舗が開いているのであれば、買い物や食事で利用することも一つの支援です。
　ただ、その日の作業が中止になったとはいえ、ボランティアとして被災地に来ていることに変わりはありません。周辺には、被災して大変な生活を続けている住民もいます。最低限のマナーは守るようにしましょう。

悪天候でボランティア活動が中止になることも。活動日の前日、もしくは当日の朝に、災害VCのホームページやSNSを確認しよう

けが・病気、事故

予防策と対処法を知っておく

　作業現場に到着したら、まず、周辺の安全確認を行いましょう。作業着や装備品を工夫することで、ある程度のけが・病気、事故を防ぐことはできます。ただ、清掃活動であれば割れたガラスや壊れている家財道具の破片などを運ぶこともありますし、炊き出しであれば火や包丁も使います。

　作業スペースの周囲をぐるっと一周して、頭上や足元はもちろん、隣の建物が傾いていないか、地盤が崩れかけていないかなどの確認をしましょう。

　道具の使い方を間違って、けがをしたボランティアもいます。逆に、せっかく重い物を持ち上げたり運んだりするための道具があるにもかかわらず、「私は素手で大丈夫」と無理に動かして、腰を痛めたり、落として足をけがした人もいます。

　住民がマスクをせずに生活している姿を見て、「ボランティアもマスクなしで大丈夫」と作業を続けた結果、ホコリを吸い込んで喉を痛めた事例もあります。「ボランティアは自己責任」といわれますが、最後は現場の状況や使う道具を、自分の目で見て判断することが何より大事です。

　また、気が付いた安全上の注意は、いったん作業を中止してでも、災害VCやリーダーに相談したり、一緒に作業するチームのメンバーと共有しましょう。

|第4章｜身を守る

　被災地での作業で、けがや病気、事故を 100 パーセント防ぐのはむ
ずかしいことです。起きてしまったときに備えて、対処方法も確認して
おきましょう。

　傷口が浅く数分で血が止まる程度のけがであれば、きれいな水で洗い
流して、ばんそうこうやガーゼで傷口を守ることで、悪化を防ぐことが
できます。めまいがするというような症状であれば、熱中症なども疑わ
れるので、十分に水分をとって涼しい場所で休むといった対応が必要で
す。

　チームに一つで構わないので、最低限の「救急セット」を準備してお
けば簡単な応急手当ができます。応急手当では対処がむずかしい場合に
は、災害 VC に電話で相談し、必要に応じて医療機関につなぎましょう。
最近は、自動販売機に設置場所の住所が記載されていることが増えてい
るので、「119 番」で救急車を呼ぶときに役立ちます。

　被災地でのけが・病気、事故の対応には、予防策と対処法のどちらも
大切です。消防や日本赤十字社などが、定期的に救命講習を開催してい
るので、受講をお勧めします。

危険箇所と危険作業

無理せず、断る選択肢ももっておく

　清掃を頼まれて、作業現場に到着しました。ガラスは割れ、建物には何か所も深いひびが入り、大きく傾いています。そのような場所だったとき、あなたなら作業をするために中に入るでしょうか？

　もしかしたら依頼主は「長年使った大切な場所。何とかきれいにしたい」と思っているかもしれませんが、おそらく、あなたは「ボランティアには危険過ぎる」と思うでしょう。

　依頼主のニーズに応えられないのは残念ですが、ときには「断る」という選択肢と勇気が必要になる場合もあります。

　被災後の建物の安全性を判断するために建築関係者が行う「被災建築物応急危険度判定」という制度があります。調査を終えると、信号機の色と同じように、「調査済＝緑」*「要注意＝黄」「危険＝赤」の紙を貼っていきます。「調査済＝緑」は、ボランティアも屋内に立ち入って作業して大丈夫という一つの目安にはなります。

　ただ、この「被災建築物応急危険度判定」は、二次災害を予防することが目的のため、余震のおそれがある地震の被災地では実施されますが、風水害ではあまり実施されません。また、被害規模が大きく広範囲になり過ぎると、地震の被災地でも対応（調査）が追いつかないこともあります。

　そして、一度その地区の判定が終われば、見直しは基本的にはありません。その後の余震で、実際は「調査済＝緑」から「要注意＝黄」に変わったりしますし、逆に、隣にあった危険な建物が取り壊されて安全性

が担保されたにもかかわらず、「要注意＝黄」「危険＝赤」の紙だけが残っていたりする場合もあります。

　やはり、作業前に自分の目で確かめるという姿勢が大事でしょう。

　災害 VC には、「地震で屋根瓦が剥がれ、雨漏りがするので、屋根にブルーシートを張ってほしい」「屋根の雪降ろしを手伝ってほしい」といったニーズが寄せられることもあります。屋根の上は専門職に任せ、下に落ちた瓦や雪を片付けるといった"すみ分け"があれば手伝えることもあると思いますが、一般のボランティアには高所作業は危険と負担が大き過ぎる内容です。建物自体は安全でも、作業内容が危険なときも断る選択肢をもっておきましょう。

【注＊】被災建築物応急危険度判定は、スピードを重視した外観調査による簡易判定で、屋内や細部の確認ができていないため、一見大丈夫そうな建物も「問題なし」ではなく、「調査済＝緑」としています。

地震後に、建築士などが建物の被害状況を簡易判定する「被災建築物応急危険度判定」のようす

休憩と体調管理

休憩は、とり方の工夫も大事

　夏場の災害ボランティア活動は、本当にたくさんの汗をかきます。水害の被災地での、長袖・長ズボンにヤッケ（作業用の防風衣）、ヘルメットやゴーグルを着用しての作業であればなおさらです。疲れで集中力がきれるとけがにもつながりますし、熱中症のおそれもあります。

　自分一人ではなく、チーム単位での活動なので、他のメンバーとも相談して、休憩のとり方を工夫してみましょう。

　まず、休憩の目安ですが、「こまめに」という言葉の受け取り方は、年齢や体力によって意外に違うものです。屋内でそれほど体力を使う作業でなければ「1時間に1回、10分程度」、家屋清掃などの肉体的に大変な作業ならば「20分に1回、10分程度」など、感覚ではなく具体的な数字でルールにするのがコツです。

　回数や時間の目安は、災害VCで決めてくれていることもありますが、ボランティアのけが・病気、事故を予防することが目的なので、チームで多少変更しても構いません。そのときは、体力がある人ではなく、体力がない人を基準に考えるといいでしょう。

　休憩中のトイレや水分補給についても、少しだけ紹介しておきます。

　上下水道が復旧していない現場もあるので、例えば最寄りのトイレまで歩いて10分以上かかるという状況も考えられます。飲み物を買いたいとき、近くに自動販売機がなく、スーパーやコンビニまで車で移動する必要がある場合には、そもそも作業開始前に十分にそろえておくべき

| 第4章 | 身を守る

です。「さあ、休憩だ」というときに困らないよう、作業前にトイレや水分補給の場所はチェックしておきましょう。

また、水分補給の量も、「1日2ℓ」や「休憩ごとに500mℓ」など、休憩のとり方と同様に目安を決めておくのもいいですね。

休憩場所は、建物の日陰などの涼しいところを利用するといった工夫は大切なことです。ただ、その建物も被災地にある以上、何かしらの被害を受けているかもしれません。余震などで頭上から、瓦や看板、窓ガラス等が落ちてこないかなど、念のため安全確認をしておきましょう。

休憩のタイミングや場所も、チーム内できちんと確認が必要

冷たい水を配るボランティア

Column
4

誰にでも起こる「燃え尽き症候群」

　被災地でのボランティア活動を終え自宅に戻っても、なかなか元の生活リズムに戻れないことがあります。一定期間、強いストレス下に置かれると、「燃え尽き症候群」の症状が出やすく、ボランティアが気を付けるべきことの一つです。

　「出会った被災者のことが気になって寝付けない」「仕事や勉強に集中できない」「好きだったバラエティー番組を見る気にならない」などの初期症状の多くは時間とともに落ち着きますが、症状が重いと、長期間続いたり、生活に影響が出ることもあります。

　災害発生から日が浅ければ、現場には緊迫と混乱があり、厳しい現実を目の当たりにします。そうしたとき、何度も被災地で活動してきたベテランにも、「燃え尽き症候群」は起こります。症状には個人差がありますが、ベテランにもコントロールがむずかしいので、初めてのボランティアであれば、なおさら大きな負担を抱え込んでしまっているはずです。

　①体力に自信があったとしても、きちんと休んで緊張をほぐす　②からだを動かしたりしてリフレッシュする　③家族や友人との時間をつくるなど、対処方法はさまざまですが、とにかく一人で抱え込まないことが大切です。つらいと感じるときには、きちんと医療機関に相談することも検討しましょう。

　被災地が復旧・復興するには長い時間がかかります。ボランティアにもなるべく長くかかわってほしいと思います。「一度に長期間」ではなく、「無理のない短期間の活動を何度も」が、長くボランティアを続けるコツです。

CHAPTER

5

自分に合った活動を探す

被災地における多様な活動

| 第5章 | 自分に合った活動を探す

▶ もっと自分にできること、向いている分野で活動するには?

　初めて被災地でボランティア活動をしてから2週間。あゆむさんは、再びアルバイト中心の生活に戻っていた。大学の夏休みは、まだ2週間ほど残っている。「もう一度、ボランティアに行こうかな?」と考えていた。大学の友人のまことさん(仮称)に話すと、自分も行ってみたいと言ってくれた。

　前回、Y町では、5日間みっちりと泥や土砂の除去の作業を担当した。毎日、災害ボランティアセンターに通ううちに、少しずついろいろな情報も聞こえてきた。
　中長期間続きそうな避難所がいくつかあって、子どもたちの遊び相手や勉強を教える子ども向けの活動があると、別のボランティアが話していた。小学校が避難所になっていて、二学期の授業再開も遅れるらしい。
　今年から、塾講師のアルバイトをはじめていたあゆむさんは、「この内容なら、自分も得意かもしれない」と思っていた。

　一方、まことさんは、飲食店のキッチンでアルバイトをしている。常々、「調理師と管理栄養士の資格をとって自分のお店をもちたい」と言っている。そういえば、Y町のある地区では、まだ飲食店やスーパーが再開できないので、どこかの団体が炊き出しをやっていると聞いた。「まことさんには、こっちが向いているかな。ちょっと調べてみよう」
　あゆむさんは、スマートフォンを手に取った。

第5章 自分に合った活動を探す

▶POINT

　第3章・第4章では、家財道具の搬出、家屋清掃といった大人数のボランティアを必要とする活動を中心に紹介しました。これらは、地震や水害、土砂災害の被災地で災害ボランティアセンター（災害VC）に寄せられるニーズのなかでも大きな割合を占めます。しかし被災地では、もっと対象を限定していたり、テーマ性をもっていたり、ボランティアによる多様な活動も行われています。

　避難所は、自宅に戻ることができないたくさんの被災者が集団生活を送る場所です。ライフラインの復旧とともに多くの人が自宅に戻りますが、自宅の被災が大きいために何か月も避難所で生活を続ける人もいます。被災者は毎日の食事にも困っており、行政の手配でおにぎりやパン、弁当などが届けられますが、温かくて栄養のある「炊き出し」はとても喜ばれる支援です。

　高齢者、障がい者、乳幼児、妊産婦、外国人など、災害時の生活に支障が大きい「（災害時）要配慮者」は、避難所での対応に限らず、専門職とボランティアが協力してより手厚いサポートを届けたい人たちです（42頁参照）。また、仮設住宅への入居がすすむと、孤立を防ぐためのコミュニティーづくりといった、長期にわたる支援も必要になります。
　これらの支援活動は、自分のスケジュールが空いた日に1日で気軽にボランティアに応募できるというよりは、一定の期間であったり、スキルを問われることもありますが、条件に合うものがあるか探してみるのは自由です。

　本章では、災害VCだけでなく、NPOや支援団体が実施する内容も含めた、さまざまなボランティア活動について紹介します。

災害ボランティアセンターの運営サポート

最前線のボランティアを支える存在

　ボランティアの活動をコーディネートする災害 VC の運営にも、ボランティアが参加しています。1 日に何百人という大規模なボランティアの受け入れには、運営側も何十人もの人手を必要とします。

　災害 VC では、「総務」「会計」などの社会福祉協議会の職員が中心となって担当するべきチームと、「ボランティア受付」「ニーズ受付」「マッチング」「車両・駐車場」「資機材」「広報」「救護」などのボランティアが手伝うこともできるチームがあります。

　ボランティアやニーズの「受付」は、電話や窓口での対応が中心ですが、1 人よりも 2 人で担当したほうが単純に 2 倍のスピードですすめることができます。「車両・駐車場」は、誘導役の人手としても助かります。「資機材」は、貸出や返却の対応で、最初は知らなかった道具も、1 日担当してみれば名前と用途ぐらいは一致するようになります。「救護」は、医療関係者であれば助かりますが、熱中症対策のために飲料水を配るなどのボランティアにできる作業もあります。

　被災地に暮らすボランティアであれば、その土地の地理を知っているので、遠方から来たボランティアの道案内をするだけでも役立ちます。

　災害 VC の一日は、主にはボランティアを送り出すまでの午前中と、ボランティアが活動を終えて帰ってくる午後から夕方にかけての、二つの時間帯が忙しくなります。被災地の近隣住民であれば、終日の活動はむずかしくても、「毎週この曜日の午前中だけなら（午後だけなら）参

加できる」といった人もいるかもしれません。

　"運営"といわれるとちょっとハードルが高いように感じるかもしれませんが、何度か続けていくなかで職員とも顔見知りになり、徐々にコツをつかめるでしょう。継続することで、毎回作業内容の説明を受けなくても動けるようになり、職員の負担も軽くなります。

　家屋の清掃など、最前線でからだを張って汗を流すボランティアの存在も大事ですが、同じようにそのボランティアを支える存在も大切です。「泥・土砂の除去のような肉体作業は、体力に自信がない」という人は、災害VCの運営サポートも一つの選択肢として考えてみてください。

災害VCの運営サポートも、ボランティアにできる大切な活動
（受付を手伝うボランティア）

炊き出し

事前準備と現場の衛生管理を徹底する

　被災者への食料の提供は、本来は被災地の自治体による「公助」の役割です。ただ、多くの被災者に平等に同じメニューを提供しようとするので、おにぎりやパン、弁当に偏りがちです。そのほか、物資として提供された缶詰やインスタント食品なども含めれば、数日は我慢もできるでしょう。しかし、何日も何週間もその食生活が続けば、「温かいものを食べたい」「野菜や果物を食べたい」といった希望が出てくるのが当然で、炊き出しの支援はとても喜ばれます。主食・主菜は行政からの弁当だとしても、ボランティアによる炊き出しで、副食となる温かい汁物一品やスイーツを提供することもあります。

　炊き出しというと、メニューや調理法に目が向きがちですが、食べる場所にも工夫をしてみましょう。一人でぽつんと食べるより、何人かで食卓を囲んで一緒に食べるほうが楽しみも増え、住民同士の貴重な会話の場づくりにもつながります。食料の提供ではなく、食べる場所や雰囲気も含めた「食事」の提供と考えて準備をするのがいいかもしれません。

　炊き出しを行うには、いくつか注意点があります。
　一つ目は、そもそも炊き出しが必要かどうかの確認です。ボランティア活動であれば、ほとんどの場合は調理した食事は無料での提供でしょう。しかし、被災後は休業していた近隣の飲食店も、その地区のガス・電気・水道といったライフラインが復旧すれば、営業を再開しているはずです。よかれと思って実施した「無料の炊き出し」が、かえって地元

店舗のお客を奪い、営業に影響するかもしれません。
　炊き出しを提供する避難所や周辺状況を確認したうえで、実施場所や必要な食数、メニューを検討しましょう。

　二つ目は、調理道具や食材、食器類などをそろえて、きちんと衛生管理を行うことです。災害時とはいえ、食中毒による二次被害の発生は絶対に避けたいものです。
　炊き出しの調理場は、普段使い慣れたキッチンではありません。調理経験のない一般のボランティアは、調理よりも配膳などを手伝うことが多いでしょう。配膳の担当でも、きちんとマスクやビニール手袋を着用しましょう。また、生ゴミや使い捨ての食器類の片付けも、最後まできちんと責任をもって行いましょう。なお、消火器の確認など、火災発生の防止にも努めましょう。

おいしい炊き出しは、被災者にとってうれしい支援。調理・配膳の衛生管理にも気を配って実施しよう

避難所での支援

住民の主体的な取り組みを支え、環境改善を図る

　ボランティアが避難所で活動をする場合もあります。自宅に戻ることができない被災者にとってはまさに生活の場なので、避難所からのニーズは衣食住にわたって実にさまざまです。物資の仕分けや食事、清掃、子どもの勉強や遊びの相手など、ボランティアが携わる可能性のある活動は多様ですが、多くの場合、その依頼は避難者個人からではなく、避難所の運営担当者から寄せられます。

　おそらく一般的な避難所のイメージは、あらかじめ災害時用に行政が指定する小中学校や公共施設などの「指定避難所」でしょう。このほか、避難所には、特別なケアが必要な高齢者や障がい者を対象とした「福祉避難所」があり、また、帰宅困難者の避難先となる会社やビル、親戚・知り合いの家など、避難先にもたくさんの種類があります。
　「平成28年熊本地震」では、度重なる余震への不安から、車で寝泊まりする「車中泊」の避難者もたくさんいました。
　避難所には共通の課題もあれば、避難先ごとに異なる課題もあります。

　「指定避難所」には、あらかじめ多少の非常食や資機材が準備されていることが多いでしょう。ただ、ホテルや旅館のように大勢が宿泊する目的の施設ではないので、トイレや水道、電気は使えたとしても、毎日の食事、寝る場所、入浴など、生活のためのさまざまな環境を一から整える必要があります。

| 第5章 | 自分に合った活動を探す

　行政の職員、避難所となった施設の関係者、周辺の町内会・自治会の役員、そして避難者自身も手伝いながら、避難所の環境の改善に取り組みます。避難者の健康の悪化を防ぐため、医療・福祉関係者やNPOが運営サポートに入ることもあります。
　避難所でイベントが企画されればたくさんの人手が必要なので、大勢のボランティアに手伝いを依頼したいこともあるでしょう。

　避難生活を続ける住民同士が助け合い、その避難所の運営について話し合いながら環境を整えていくプロセスは、ある意味では"まちづくり"に似ているかもしれません。単発のイベントなどではなく、ボランティアとして避難所の運営にかかわるときには、すべてをやってあげるのではなく、住民の主体的な取り組みを傍らでサポートする姿勢を心掛けましょう。

避難所でのボランティアの活動内容はさまざま

仮設住宅での支援

アイデアと工夫で、孤立を防ぐ

　災害で自宅を失った被災者の多くは、避難所から「仮設住宅」での生活に移ります。「仮設住宅」というと、プレハブ仮設のイメージが強いと思いますが、最近では、公営住宅や民間賃貸のアパートの空き部屋を行政が借り上げて、仮設住宅として扱うケース（「みなし仮設」住宅）も増えてきました。

　また、「平成30年7月豪雨」や「平成30年北海道胆振東部地震」では、トレーラーハウスを利用することもありました。

　仮設住宅は、集団生活の避難所とは違い、世帯ごとのプライバシーは守られる環境です。しかし、多くは抽選で入居場所が決まり、もともと暮らしていた地区とは別の地域での生活となります。隣近所には見ず知らずの人が入居していて、さらに災害によるストレスも重なり、アルコールの量が増えたり、孤立を深める被災者もいます。

　1995（平成7）年の「阪神・淡路大震災」では、仮設住宅での孤独死が課題となりました。その後は、一人ひとりの生活や健康状態の変化にいち早く気づき、必要に応じて医療・福祉などの専門機関につなぐための見守り活動もすすめられるようになりました。

　また、プレハブ仮設が一定数集まる団地には、談話室や集会所が併設されます。談話室や集会所は、お茶会や食事会を開いたり、ボランティアが体操や歌の教室を企画・実施するといったコミュニティーづくりの場として役立てられています。ただお茶会には、女性は比較的参加して

くれますが、その雰囲気はちょっと苦手だと感じている男性は多いようです。そんなときは、一緒にベンチをつくる日曜大工の作業を頼んでみたり、興味のもてそうなゲームの要素を加えてみたりと、対象者に合わせて、いろいろなアイデアや工夫が必要になるのが仮設住宅でのボランティア活動の特徴かもしれません。

　災害発生から時間がたち、仮設住宅への入居がすすむ頃には、被災地の状況を伝える報道も少なくなり、ボランティアの数も減少していきます。しかし、被災者の多くは仮設住宅やその後の生活に不安や不便さを感じています。「東日本大震災」(2011年)の被災地でも、多くの仮設住宅に暮らす方々から「忘れられるのがつらい」という言葉を聞きました。一度に大勢のボランティアを必要とするフェーズ(局面・段階)からは変わりますが、細くても長く、人と人とのつながりを意識した支援の継続が求められます。

仮設住宅の入居者を対象とした談話室・集会所でのイベントのようす

イベントの実施

住民の活力と、被災地の活気を高めるお手伝い

　自分の仕事や経験を活かした支援として、イベントの企画を考える人もいると思います。高齢者を元気づけたり、地場産業の応援をしたり、子どもたちを笑顔にしたりと、大規模なものから少人数を対象にしたものまで、被災地ではたくさんのイベントが実施され、喜ばれています。

　被災地でのイベントを企画するときは、まず実施したい地域の状況を確認しましょう。イベントの大小を問わず、日時や場所、道具や資機材、広報の手段などを考えるにも、現地側に相談相手が必要になるはずです。
　例えば、手品や歌、ダンスといったパフォーマンスを披露する内容であれば避難所での実施という選択肢があると思いますが、一方で、全国から同じようなイベントの提案が集中し過ぎて困っているといった状況を耳にすることもあります。また、避難所ばかりに偏って、在宅避難で同じように大変な生活をしている人が参加できる場が少ないかもしれません。
　子ども向けには、楽しいイベントだけではなく、勉強を教えたり、学ぶ意欲を高めたりする企画も考えてみましょう。誰を対象にするのか、どんな内容にするのか、これも被災地側のニーズに合わせる姿勢が大切です。

　また、被災地では、地元側が主催する地域伝承のイベントもあります。恒例だった行事も、災害の影響で自粛したり、環境が整わず開催を見送ったりすることはありますが、ボランティアと一緒に手づくりで企画

したいと思っているかもしれません。そうした地域に根付いていたお祭りや催しであれば、ボランティアが前面に立って企画するより、なるべく地元の力が発揮できるように、裏方でサポートする心掛けが大切になるでしょう。

　イベントで得意分野をいかしたいというボランティア側の気持ちは応援したいと思います。そのためにも、被災地のニーズときちんと事前のすり合わせをしましょう。
　また、イベントの実施には、広報など住民への告知や、場所の提供など、被災地側の相談相手へのお願いごとが発生するはずです。その相手が目の前にやるべきことが山積みのなかで引き受けてくれているかもしれないので、相手の負担をなるべく軽くする努力も忘れないようにしましょう。

地元のお祭りの主役は、地元住民。裏方を支えるボランティア

Column

5

被災者とのコミュニケーション

　避難所などでボランティアが、被災者向けの「足湯*」を行うことがあります。十分な入浴ができず、集団生活が続くなかでの衛生面の効果もありますが、それよりも、長く続く避難生活の疲れを癒やし、ほっとできる場をつくることが目的です。

　誰かと苦しみを分かち合いたくても、被災者同士ではお互いの心の傷をえぐるようで口にできない話題があります。見ず知らずのボランティアだからこそ、かえって話しやすいと感じる被災者もいるでしょう。「足湯」は、被災者もボランティアもお互いに気軽に会話しやすいきっかけづくりでもあります。もちろん、無理に話を聞き出したり、答えを出す必要はありません。

　同じような工夫は、避難所や仮設住宅、被災者の自宅を戸別訪問する際にも役立てられています。「何か困っていることはありませんか？」と戸別訪問をすると、お互いに何か大切な情報・会話のやりとりが必要だと構えてしまいがちですが、地域や生活情報をまとめたフリーペーパーやちょっとした生活必需品をお土産に持っていくことで、自然な会話のきっかけが生まれます。被災者にとっても、気が向かないときには気兼ねなく、「ありがとう。もらっておくよ」と、短い会話で済ませることができるメリットもあります。

　「傾聴」や「相談」と呼ぶと少しハードルが高いように感じるものですが、ちょっとした会話のきっかけづくりが、被災者とボランティアとのコミュニケーションに役立っています。

【注*】「足湯」ボランティアは、被災者に足湯に浸かってもらう空間をつくり、ボランティアが1対1で接して、肉体的な疲れの解消とともに会話（「つぶやき」への傾聴）によりストレスの解消を図ることを目的としています。「阪神・淡路大震災」以降、被災地で取り組まれています。

| 第5章 | 自分に合った活動を探す

Column
6

ボランティアリーダーとコーディネーター

　被災地に集まる大勢のボランティアの熱意を最大限いかすには、ボランティアリーダーとコーディネーターの存在が欠かせません。

　大半は初めて参加するボランティアだとしても、チームに安全管理や衛生管理のスキルを身につけたリーダーが一人いることで、被災地での活動の幅はぐっと広がります。変化が目まぐるしい被災地では、「これが正解」というよりも、その場面に合わせた臨機応変な判断と対応が求められます。ただし、安全管理、衛生管理には、研修や訓練を通じてきちんとした知識をもっておくことが役立ちます。

　コーディネーターは、たくさんの情報を整理しながら全体を俯瞰する立場になるので、あらかじめ所属する組織内で候補者を決め、平時から研修や関連の会議にも出席しておくことが望ましいでしょう。

　災害ボランティアの体制づくりだけではなく、子どものケア、障がい者の支援、ジェンダーへの配慮といったテーマや対象別の研修も実施されています。避難所の運営、雪かき、炊き出しなど、活動メニューごとの体験会もあります。開催場所や回数、対象者が限定されることも多いので、希望する研修が見つからないときには、NPOや支援団体に講演や講師派遣の相談をしてみるのもいいでしょう。

　「被災者のために、もっとできることを増やしたい」と感じたときが、スキルアップのタイミングです。研修や訓練、組織の体制づくりなど、平時の取り組みにもチャレンジしてみてください。

CHAPTER

6

応援する

被災地以外の場所でもできる支援活動

第6章 応援する

▶ 被災地に行けなくても、ボランティアはできるの？

　　冬休みが近づく頃には、あゆむさんは大学とアルバイトの生活に戻っていた。

　　あゆむさんは、その後もY町には３回訪れ、いろいろなボランティア活動に参加した。Y町にも知り合いが増え、名前を覚えてくれた住民もいる。小さい頃から転校が多かったあゆむさんにとって、Y町は第二のふるさとのように思える場所になっていた。

　　「災害ボランティアセンターでのボランティア募集は年内で終わるみたい。来年になったら就職活動もあるし、しばらくY町に行く機会はなくなっちゃうかもなぁ」

　　夏休みに一緒にボランティア活動をしたまことさんと会うと、いつもY町の話題になる。

　　「そうだね。でも、別にボランティアじゃなくても、観光とかでもいいんじゃない？　あと、Y町に来ていたボランティアのなかには、毎年夏はどこかの被災地で活動している人もいたよね」「確かに、日本は毎年どこかで災害が起こるからね」

　　まことさんは、Y町でのボランティア活動は夏の１回だけだったが、次の春休みに「東日本大震災」の東北被災地を訪れる計画を立てていた。

　　二人とも、卒業までの間にできることを探していた。同時に、「卒業して社会人になれば、ボランティア活動に参加する時間は減るかもしれない。でも、被災地に行けなくても、きっと応援できることがあるはず」とも考えるようになっていた。

第6章 | 応援する

▶POINT

　ここまで紹介してきた災害ボランティア活動の話題は、主に、困りごとを抱えた被災者の傍らに寄り添い、被災地の最前線で活動する内容でした。本章では、その最前線で活動するボランティアを支えるさまざまな取り組みをまとめてみようと思います。

　あゆむさんとまことさんには、共通していることがあります。それは、実際に被災地でボランティア活動を経験したことで、テレビや新聞からだけでは伝わらない現場の状況をはっきりと想像できるようになっていることです。

　ボランティア活動に限定する必要はありませんが、やはり百聞は一見にしかず。行くことで初めてわかることがたくさんあります。

　しかし、被災地の応援には、もっとさまざまな方法があります。ボランティアの活動しやすい環境づくりや募金への協力、将来の災害に備える防災・減災の取り組みもあります。一度被災地に足を運ぶことで、これらがとても大切だと実感できるでしょう。

　日本は、とても災害が多い国です。専門家や関係者の間でも、気候変動がすすむことによって自然災害のリスクがより高まっているといわれています。被災地・被災者を支える災害ボランティアの存在はますます重要になっており、そのボランティアを支える活動の意義も大きくなっています。

後方支援

住んでいる地域でできることもある

　災害ボランティアの活動場所は、被災した町の中心地だけとは限りません。本当は被災地に行って手伝いたいけれど、「時間がとれない」「体力に自信がない」といった場合には、身近な場所でもできる「後方支援」という選択肢も検討してみてください。

　後方支援の代表的な活動が募金です。詳しくは、このあと98頁で紹介しますが、募金をする、寄付をするという行為もボランティア活動の一つです。また、寄付先を決めたうえで街頭募金に参加したり、学校や会社などに募金箱を設置して協力を呼びかけてみるなど、できることはたくさんあります。

　その他、広場やお祭りの会場などで被災地の名産品を販売している姿を見かけた人もいるでしょう。イベント来場者へのお土産（ノベルティー）として配布することもあるかもしれません。自分自身が募金をする、寄付をするだけでなく、周りの人にもメッセージを伝え、一人でも多くの人に被災地に関心をもつ機会を提供できれば風化防止にも役立ちます。

　また、あなたが住んでいる地域にも、被災地での活動を続けているNPOや支援団体の事務所がありませんか？　被災地の現場に職員を派遣していると、事務所の人手が少なくなって困っている可能性があります。事務所で電話番をしたり、物資の仕分けをしたり、パソコンで名簿入力や記録作業を手伝ってくれると、とてもありがたいものです。

第6章 応援する

　被災地を応援するチャリティーイベントを開催することがあれば、当日の受付や会場設営、片付けのボランティアを募集していることもあるでしょう。団体によりますが、会員や登録ボランティアを対象にした企画など、日頃は学校や仕事で忙しい人の都合を考えた催しの情報も見つかるかもしれません。

　被災地に行く機会がなくても、何度か後方支援のボランティアに参加するうちに、テレビや新聞ではわからない現場のリアルな状況を知ることができます。学生であれば、インターンシップに応募してみるのも一つの方法です。その後の就職にもいかせる知識と経験を身に付ける機会にもなります。
　後方支援も立派な災害ボランティアの活動です。機会があれば、ぜひ参加してみてください。

支援物資

物資を受け取る側の状況やニーズの確認が大切

　支援物資を送る行為も、後方支援の一つです。ライフラインが寸断され物流が止まった被災地では、まずは外部からの物資による応援が被災者の衣食住を支えます。生命線となる物資を大量に配布するには、スピードが大切です。被災地の倉庫で仕分けをする人手と時間のロスを避けるためにも、企業や被災地以外の自治体を通じて、質のそろった、まとまった量の物資が指定された日時に届くことが重要です。

　受け取る側の被災者は、せっかくの善意を「迷惑」とか「不要」とはなかなか言えませんが、残念ながら過去の災害で支援物資が「第二の災害」と呼ばれたことがあります。物資の中身や届くタイミングのずれ、仕分けの人手とスペースの問題、最終的に余った物資の処分に莫大な費用がかかったことなどで、全国からの善意が逆に被災地の負担を大きくさせたからです。このような反省からも、公の支援物資が優先され、被災地の自治体では個人からの支援物資を受け付けないことが多くなっています。そして災害時には、宅配便も通常のように機能しないことが想定されるため、ニュースなどで災害関連の情報が流れたとしても、すぐには送らず状況をみることが大切です。

　また、受け付ける場合も、募集する内容や期間が限定されていることがあるでしょう。受け取った側のことを考え、倉庫での仕分け作業が少しでもスムーズになるよう、送る側はシンプルに同じ品物を一箱にまとめたり、箱に油性ペンで中身を書いておくなどの工夫ができるといいですね。送る前のひと手間が、到着後の素早い活用につながります。

また、災害ボランティアセンター(災害VC)やNPO・支援団体が、物資を募集していることもあります。直接被災者に渡す物資もあれば、例えば清掃作業や炊き出しといった支援活動に使う道具や資機材を募集していることもあるでしょう。これらも被災者の生活再建には欠かせないもので、足りなければお金を出して購入することになります。現金の寄付ではなく、「物の寄付」という支援です。

最近の災害現場では、インターネットを活用して、大量でなくとも、必要なときに、必要な人に、必要な物資が届く仕組みも運用されはじめています。物資を送る側ではなく、受け取る側のニーズや状況に合わせた方法・運用が模索されています。

支援物資は、被災者向けだけでなく、災害VCで必要な道具や資機材も募集していることがある

募金

「義援金」と「支援金」で使い道が異なる

　被災地のために、募金に協力したことがある人もいるでしょう。災害対応には、道路やライフラインの復旧、各種の補償、仮設住宅の建設といった多額の費用が必要です。これらは、災害救助法や関連法案で対象が決められていて、私たちの税金を財源として行政や指定公共機関が実施しています。「公助」と呼ばれます。

　これとは違い、災害が発生してから広く一般に呼びかけられる募金は、「共助」にあたります。その使い道によって「義援金（義捐金）」と「支援金（活動資金）」の大きく２種類があります。

　「義援金」は、被災者の生活再建に役立ててもらうために、集まった募金額や被災の状況に応じて、自治体から現金で被災した世帯単位に渡されます。都道府県、日本赤十字社、共同募金会などが募集することが一般的です。各テレビ局が呼びかける場合もありますが、よく見ると「日本赤十字社を通じて」や「共同募金会を通じて」と書かれており、一度仲介してまとまった金額を義援金として届けているということです。

　「義援金」は、被災県が設置する義援金配分委員会で金額や対象者を決めます。調査や手続きに時間がかかるため、実際に被災者の手に渡るには募金の受付がはじまってから数か月かかることが通例ですが、公平に配分され、生活再建のための貴重な現金として活用されています。

　「支援金」は、被災地を支援する活動を支えるためのもので、NPO や

支援団体がそれぞれ募っています。使い道は、「支援物資を届ける」「炊き出しをする」「子どものケアをする」「ボランティア活動の資機材を購入する」など、団体ごとに異なります。被災地の現場ですでに直接活動している、もしくは活動の実施を決めた団体が協力を呼びかけていることが多く、使い道も明確になっていること、素早く活動にいかされることが特徴です。

　どの団体に募金を託すのかは、自分自身がどんな活動を応援したいのかを考えて探す必要があります。あわせて、その団体がホームページなどで寄付額やその使い道などについて公表している情報も確認したほうがよいでしょう。

　また、複数の団体が集まるネットワークや基金が募金を管理し、被災地で活動する団体と調整しながら活用する支援金の仕組みもあります。例えば、赤い羽根共同募金（中央共同募金会）では、「義援金」とは別に「災害ボランティア・NPO活動サポート募金（通称：ボラサポ）」という、被災地で活動する団体に助成するための「支援金」も募集して即応的に助成しています。なお、5人以上の任意のグループから応募が可能です。

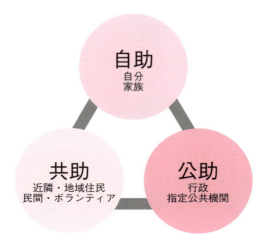

避難者の受け入れ支援

被災地から離れた場所だからできるボランティアもある

　災害ボランティア活動の多くは、確かに被災地で行われるものですが、災害の種類によっては、被災地から離れた場所での活動もあります。

　「東日本大震災」（2011年）での原発事故の影響で、2019（令和元）年現在も、全国各地にふるさとを離れて避難生活を続ける人がたくさんいます。また、火山の噴火でも、火山灰や有毒ガスの影響で長期間にわたってふるさとを離れざるを得なかった事例もあります。

　いつふるさとに帰ることができるかの見通しが立たないなか、慣れない土地で生活を続ける苦労はひと言ではいい表せません。

　引っ越しや移住とは違い、災害によって避難生活を余儀なくされるので、十分な荷物を持って移動できた人はほとんどいません。しばらくの間は、毎日の生活のサポートや食事の提供も必要です。

　個人や少人数の世帯単位で避難してきた場合には、周りに知り合いがおらず心細く感じているはずです。当然、避難先の環境もわからず、土地勘もありません。周辺の施設や店舗を一つずつ覚えていくしかありません。

　こうしたなかでは、物資などの物理的なサポートだけではなく、肩の力を抜いてリラックスできるサロンやお茶会を通じて、周りの人と顔見知りになって、新しい情報を得ることができる場があると役立つでしょう。また、避難者だけを対象とした場ではなく、その地域の住民との交流の機会を希望する人もいます。

| 第6章 | 応援する

　原発事故の影響が残る福島では、ふるさとで暮らしていたとしてもさまざまな支障や困難が残っている地域があります。特に子どもたちは、山や川といった自然とふれ合う機会を奪われていたり、複数の学校が統合された仮の学校で学んでいたり、遠方に避難を決めた何人もの友達との別れを経験していたりします。元気を取り戻してもらい、子どもらしい成長をサポートしようと、全国各地で保養やリフレッシュを目的としたプログラムが実施され、たくさんのボランティアが活躍しています。自分の住む地域でも同様のプログラムが企画されているかどうか、ぜひ一度調べてみてください。

福島の子どもたちの保養やリフレッシュのプログラムは全国各地で行われている（交流の記念に撮った写真）

風化防止

自分なりに伝え、応援する

　災害から時間がたつと、被災地の状況を伝える報道は少なくなり、災害ボランティアへの関心も薄れていきます。一方で、被災地の復興には長い時間がかかり、引き続きボランティアやたくさんの応援を必要としています。

　"風化"を防ぐには、一度ボランティアとして現地を訪れた人の「伝える活動」がとても役立ちます。

　被災地の現場がまだまだボランティアの人手を募集しているようであれば、口コミはとても重要なきっかけづくりです。あなた自身がそう感じたように、初めてのボランティアはやはりどこか不安なものです。知り合いや友人が参加したことを知れば、「私にもできるかな」と、後押しになるでしょう。顔を合わせて話すのはもちろん、場合によっては報告会を開催して多くの人に聞いてもらうこともできますし、対面でなくてもSNSで体験を発信することもできます。

　災害VCで何か月もボランティアの募集が続くとき、後半は集まるボランティアの大半がリピーターのボランティアと、知人の紹介をきっかけに参加したボランティアという場面をよく見かけます。

　また、観光や買い物で被災地を応援することもできます。被災地に遊びに出掛けたり、観光に行くことは、災害が発生して日が浅いうちはまだ自粛すべきといわれるかもしれません。しかし、時間がたつにつれ、徐々に歓迎されるようになります。被災地の住民も、きっと「手伝って

| 第6章 | 応援する

くれたボランティアと、もう一度会いたい」「被害を受けた町のようすだけでなく、今度は魅力的な景色も見てほしい」と思っているはずです。

　その町の名産品を見掛けたら買ってみる、食べてみることも支援につながります。「ふるさと納税」の先として、ボランティアに参加した被災地を選んだ人もいます。

　昔ボランティアに行ったきり、その被災地にずっと足を運んでいないことを申し訳なく思っている人もいるかもしれませんが、引け目を感じる必要はありません。そうやって今も気にかけていること、忘れていないことが風化防止のために一番大切なことです。

被災地の名産品が並ぶ物産展のようす。
「買って応援」も一つのボランティア活動

本業をいかした支援

専門的な支援・組織的な支援の強み

　「企業の社会的責任」（CSR）という言葉が生まれ、その後、2011（平成23年）年の「東日本大震災」をきっかけに、民間の事業者や企業による災害対応、被災地への応援のかたちが変わりつつあります。備蓄などの備えはもちろん、自社商品の在庫を支援物資として寄贈したり、義援金（義捐金）を提供する動きは以前からありましたが、社員によるボランティア活動を積極的に推進する企業も多数みられるようになりました。ボランティア休暇制度の導入もその一つです。

　そしてさらに、本業の専門性や組織力をいかした支援も広がっています。

　ある化粧品会社では、社内で希望者を募り、避難所にハンドマッサージのボランティアを何度も派遣してくれました。IT大手のある企業は、被災地での力仕事には屈強なアメリカン・フットボールチームを派遣し、本社では遠隔地でもできる、パソコンの入力作業を手伝ってくれました。

　また、法律分野の専門職者が、ボランティアとして被災者一人ひとりに複雑な諸手続きをわかりやすく教えてくれる相談会を行ったこともあります。コールセンターで働く職員が災害VCの電話窓口を担当したことで、たった数日で電話対応のマニュアルができ、毎日何百本もあった問い合わせへの対応がスムーズになったこともあります。

　被災地の近隣の宿泊・入浴施設が、ボランティアへの利用料金の割引を設定してくれたことで、ボランティアの金銭的な負担が軽くなり、も

　　　　　　　　　　　　　　　　　　　　　　第6章｜応援する

う一度参加しようと思う人が増えました。

　企業等の本業のいかし方はそれだけではありません。同じ会社の社員
ボランティアには毎日の仕事で培ったチームワークがあるからです。個
人ボランティアがその日初めて顔を合わせたメンバーでの作業となるの
に対して、作業の適性もあらかじめわかっているため役割分担がスムー
ズで、限られた時間で効果をあげることができます。

　被災地で活動した社員ボランティアの多くは、「参加を応援してくれ
た自分の会社に誇りをもった」と語っています。会社が積極的に社員ボ
ランティア活動の推進や社会貢献に取り組むかどうかは、社員一人ひと
りの言動がきっかけだったりします。被災地の現場に行くだけでなく、
会社がボランティアに参加する機会を応援してくれるよう、日頃からの
働きかけも大事にしてください。

Column
7

進化する災害ボランティア活動

　災害ボランティアの活動は、発展途上です。ここまで紹介した以外にも、多種多様な活動が生まれています。もちろん行政や関係機関、専門家による対応が必要な場面はありますが、被災者のニーズの種類に応じてボランティアの活動が広がっているといえるでしょう。

　日本赤十字社は、災害救護以外にも奉仕団や防災ボランティアによる活動を行っています。生協、農協、漁協などの協同組合も、組合員へのサポートだけでなく、被災者全般への支援に取り組んでいます。青年会議所は、全国のネットワークをいかして物資やサービスの提供を行っています。宗教法人も布教活動とは一線を引いて、被災地で汗を流しています。大学生も自主的にサークルを立ち上げ、大学内のボランティアセンターを通じて被災地で活動しています。また、動物愛好家が集まり、災害で行き場をなくしたペットを預かるサービスもあります。地震で散乱してしまった本の整理には、全国の図書館から寄贈書とともにボランティアが駆けつけています。障がい者も自ら「被災地障害者支援センター」を運営したり、応援に向かっています。「災害多言語支援センター」で外国人の相談を受ける語学ボランティアの活動もあれば、災害VCを通じて活動する外国人もいます。

　一人ひとりが、被災地の状況に合わせ、「自分にできること」を真剣に考え実践してきたことで活動の幅が広がってきました。災害ボランティア活動は、これからも災害を経験するたびに進化を続けていくことでしょう。

おわりに

　本書の企画をすすめていた2018（平成30）年は、たくさんの災害が発生した年でした。被災した各地の市区町村に災害ボランティアセンター（災害VC）が設置され、多くのボランティアが被災者の生活再建のために汗を流しました。本書の編集委員の多くも、度々被災地に入り、現地の関係者と協力しながら支援活動を行いました。

　なかでも岡山県倉敷市は、「平成30年7月豪雨」（西日本豪雨）の最大の被災地となりました。町の4分の1もの範囲で4,000以上の家屋が被害に遭った真備町をはじめ、市内各地が浸水被害を受けました。すぐに倉敷市社協が倉敷市災害VCを立ち上げ、2019（平成31）年3月末までの8か月半で、全国から延べ7万人を超えるボランティアが応援に駆けつけました。現在は、地元主体の復興や防災・減災への取り組みに切り替わりつつあり、毎日たくさんのボランティアの姿を目にするわけではありません。ただ、当時のボランティアが何かと機会を見つけては倉敷や真備町を訪ねてくれます。一人にとっては1年に1回だとしても、延べ7万人であれば単純計算で1日200人近い人数です。

　大災害からの復興は、一筋縄ではいきません。被災地での生活再建をめざす住民の皆さんも、正直くじけそうになるときもあるのだと思います。ただ、「ひとりの100歩よりも、100人の1歩」と集まったボランティアは、そんな気持ちに寄り添いながら、約1年たった今もかたちを変えて応援を続けてくれています。

　災害VCの運営者、また運営支援に携わる協力者は、「被災者中心」

「地元主体」「協働」という三原則を大切にしています。個人のボランティアの立場を想像しながら書きすすめた本書では、言葉や表現は変えていますが、ボランティアにとっても同様に大切な考え方だと思っています。

　また、当然のことながら、被災地の地元住民は、平時の防災・減災の取り組みにおいても、災害発生後の対応においても中心的な存在です。「受援力」ともいわれますが、ボランティアがさらに被災者支援に役立つ活動を行うためにも、地域住民が受け取るべき支援と自分たちの手でやり遂げるべき事柄の"すみ分け"をすることが大事になります。「ボランティアは、するよりもしてもらうほうがむずかしい」という声もありますが、過去の被災地での経験を広く共有する必要があると思っています。こうした災害 VC の運営、地域住民の取り組みについては、現在別の編集委員が執筆をすすめている他の巻に委ねようと思います。

　残念ながら、日本は災害大国です。ある被災地での災害ボランティアの活動が終わっても、またどこかで必ず災害が発生します。

　「ボランティア元年」といわれた 1995（平成 7）年の「阪神・淡路大震災」以降、災害ボランティアは何度も何度も注目され、その度にボランティア活動や支援のあり方が見直されてきました。本書は、災害が多発した 2018（平成 30）年を振り返りながらまとめましたが、何年かたてば、また新しい取り組みが広がっているかもしれません。ボランティアができることをもっと増やしていくには、本書の情報が古くなってしまうぐらい、見直しと改善が繰り返されることが正解なんだろうと思います。

　災害を「他人ごと」ととらえていたのでは、なかなか取り組みはすすみません。とはいえ、自分や家族が被災するつらい状況を、自分から好

んで想像する人もあまりいないでしょう。被災地に足を運び、支援をした経験を少しずつ積み重ねるうちに、災害を「自分ごと」として正面から向き合えるようになり、防災・減災の大切さを実感する人もいるでしょう。その意味では、「ひとりの 100 歩よりも、100 人の 1 歩」を大切に、一人でも多くの人が被災地に足を運ぶきっかけをつくるボランティアの取り組みは、「自分ごと」の防災・減災にもつながっているのかもしれません。

　筆者も含め私たちの団体は、現場で汗を流すほうが性に合っていますが、被災地・被災者支援の一層の広がりを期して執筆にかかわらせていただきました。本書が、多くの方々にとって、「自分ごと」として災害ボランティア活動に参加するきっかけとなれば幸いです。

合田茂広、上島安裕
（一般社団法人ピースボート災害ボランティアセンター）

| 資料編 |

資料1　災害ボランティアセンターの設置状況

（2011年以降）

年	主な災害	設置数
2011 （平成23）	新潟豪雪／新燃岳噴火／東日本大震災／新潟・福島豪雨／台風12号／台風15号／奄美地方豪雨	233か所
2012 （平成24）	新潟・長野豪雪／北関東突風／7月大雨／九州北部豪雨／福井大雨／京都府南部豪雨	22か所
2013 （平成25）	7・8月大雨／竜巻／台風18号／台風24号／台風26号	45か所
2014 （平成26）	大雪／台風8号・11号・12号／大雨／広島県豪雨／台風18号／長野県神城断層地震	41か所
2015 （平成27）	口之永良部島噴火／対馬地方大雨／関東・東北豪雨	12か所
2016 （平成28）	熊本地震／台風9号／台風10号／台風16号／鳥取県中部地震／糸魚川市大規模火災	34か所
2017 （平成29）	九州北部豪雨／秋田豪雨／台風18号・21号	25か所
2018 （平成30）	島根県西部地震／秋田県大雨／大阪北部地震／西日本（平成30年7月）豪雨／山形県豪雨／京都府集中豪雨／台風21号／北海道胆振東部地震	91か所

※　災害ボランティアセンターが設置された市区町村以外でも、通常の社会福祉協議会ボランティアセンター等で被災者の支援が行われていることがあります。
※　略称を用いている災害名があります。

（全国社会福祉協議会　全国ボランティア・市民活動振興センター調べ）

資料２　災害ボランティアマニュアルより（水害の場合）

最も頻繁に災害ボランティアが募集される災害の種類が、水害です。水害時の清掃に使用する道具類や作業のポイントをご紹介します。

※必ずこの通りにそろえる必要はありませんが、過去の経験からの参考だと思ってご覧ください。

ほうき
掃き掃除
※室内用と屋外用と分けて使う

雑巾・タオル
拭き掃除
※普通タイプがなにかと便利。大きいとかえって不便

スポンジ・歯ブラシ
細かいところの掃除

ちりとり
水切りがわり
狭いところの泥だし
※割れにくい金属製がオススメ

あると便利な道具たち

左官用フネ
機材・長靴の洗浄
※資材担当で活躍

高圧洗浄機
高いところの洗浄
道具の掃除
※レンタルあり

チェーンソー
流木・倒壊家屋の処理
※使い慣れている人のみ

ブルーシート
家財などの下に敷く
資材の保管・屋根補修

パワーショベル
荷物運搬・がれき撤去
泥だしなど
※レンタルあり・免許必須。バケットサイズ0.1立米が手ごろ

フレコン（トン袋）
大量の泥
※重機での回収が必要

軽トラック
人・物の運搬
※小回りが利いて狭い道でもOK。レンタルあり

■安全と衛生　無理せず、ケガなく

粉塵
まれに短期間で病気を起こす恐れあり。
→粉塵用のマスクやタオルでカバー

熱中症
大量の汗や通気性の悪い服での作業・睡眠不足・お酒の飲み過ぎに注意！
→水分・塩分（水だけじゃダメ）・休憩

破傷風
深い刺し傷に注意！
→ケガをしないように長袖・手袋・長靴・安全靴を装着する

活動後はうがい・手あらい！
目に泥がよく入るので真水があると便利。

発行：認定特定非営利活動法人 レスキューストックヤード
協力：全国社会福祉協議会／全国ボランティア活動振興センター

Supported by 日本財団 THE NIPPON FOUNDATION

その他

◆片付けの前に保険や補償（り災証明など）のために、被災の現状を写真で撮るなどして記録しましょう。 ◆冷蔵庫やエアコンのフロンガス回収を忘れずに。 水に浸かった車はエンジンをかけない（発火やエンジンが全壊する恐れあり）。

※ NPO 法人レスキューストックヤード発行パンフレットより

資料3　災害ボランティア関係ホームページリンク集

　大きな災害では、被災者支援の関係者が共通認識をもって、「ひと」「もの」「かね」「情報」の分野で連携・協働して対応にあたることが大切です。そのための全国的な取り組みや民間ネットワークについてご紹介します。

●内閣府防災担当

　防災・減災や災害対応は、関連する法律に基づき広範囲で連携・調整が必要なため、内閣府が調整役を担っています。平時には有識者らと中央防災会議を通じて検討を重ねるほか、災害時には災害対策本部の設置、省庁間・都道府県との調整にもあたっています。

　組織は、政策統括官、審議官のもとに「総括」「災害対策緊急事態対処」「地方・訓練」「調査・企画」「防災計画」「普及啓発・連携」「被災者行政」「事業推進」の担当が置かれています。

内閣府防災情報のページ（内閣府政策統括官（防災担当））：
http://www.bousai.go.jp/

●全国社会福祉協議会 全国ボランティア・市民活動振興センター

　社会福祉法人全国社会福祉協議会（全社協）は、各市区町村、都道府県・政令指定都市に設置・運営されている社会福祉協議会の中央組織で、全国各地の社協とのネットワークにより、福祉サービス利用者や社会福祉関係者の連絡・調整や活動支援、各種制度の改善への取り組みなど、わが国の社会福祉の増進に努めています。

　近年、大規模災害発生時にボランティアの支援拠点となる災害ボランティアセンターが市区町村社協により設置され、被災地・被災者支援に大きな役割を果たしています。全社協では、全国ボランティア・市民活動振興センターが中心となって、被災地の被災状況、ボランティア活動の状況などを発信するとともに、社協のネットワークをいかして被災地支援活動を行っています。

全社協のホームページ：https://www.shakyo.or.jp/index.htm
全社協 被災地支援・災害ボランティア情報：https://www.saigaivc.com/

●中央共同募金会（赤い羽根共同募金）

　赤い羽根のマークでお馴染みの社会福祉法人中央共同募金会は、全国 47 都道府県共同募金会の連合体で、赤い羽根をシンボルとする共同募金運動の全国的な企画、啓発宣伝、調査研究、都道府県共同募金会の支援等を行っています。

　災害発生時には、各都道府県共同募金会（共募）と連携し、災害等準備金による災害ボランティアセンターへの支援、義援金の呼びかけ等の支援を行っています。また、「災害ボランティア・NPO 活動サポート募金」（ボラサポ）の助成により被災地で活動するボランティアグループや NPO の活動を支援しています。

赤い羽根共同募金：
https://www.akaihane.or.jp/
赤い羽根共同募金・ボラサポ：
https://www.akaihane.or.jp/saigai-news/vorasapo/

●災害ボランティア活動支援プロジェクト会議（支援 P）

　被災地主体のボランティア活動の支援を目的として、「新潟県中越地震」(2004年）の検証を契機として 2005（平成 17）年 1 月に中央共同募金会に設置された組織です。

　企業・NPO・社会福祉協議会・共同募金会が協働して災害ボランティア活動をより円滑に支援するため、「人材」（災害ボランティアセンターの運営を支援するために知見とノウハウのある「運営支援者」を派遣）、「資源・物資」（災害ボランティアセンターが必要とする資機材等の調達を企業寄付等により実施）、「資金」（経団連会員企業や社員の寄付・募金により、災害ボランティアセンターへの中長期的な復興プロジェクトへの助成等を実施）、「情報」（知見とノウハウのあるメンバーにより被災地のボランティア活動に関する情報発信などを支援）などをとおして、災害ボランティア活動の環境整備と運営支援を実施しています。

災害ボランティア活動支援プロジェクト会議（支援 P）：
https://shienp.net/

●全国災害ボランティア支援団体ネットワーク（JVOAD）

　南海トラフや首都直下等の巨大地震や各地で相次ぐ集中豪雨などに備え、2013（平成 25）年から全国域で活動する民間セクターと行政等が、平時から連携できる体制づくりをめざして活動を開始するとともに、組織の設立をめざして準備をすすめてきました。

　2016（平成 28）年 11 月には特定非営利活動法人格を取得して正式に設立しました。被災地における支援者間の連携を促進し支援の調整を実施するほか、平時には「災害時の連携について考える全国フォーラム」等を開催して多様なセクター・支援者の連携を推進しています。

全国災害ボランティア支援団体ネットワーク（JVOAD）：
http://jvoad.jp/

| 資料4 |

抜粋版
2020.6.1

DISASTER RESPONSE GUIDELINES

新型コロナウイルスの感染が
懸念される状況における
ボランティア・NPO等の
災害対応ガイドライン

JV●AD

この資料は、JVOAD（認定 NPO 法人 全国災害ボラン
ティア支援団体ネットワーク）が公開している「ボラン
ティアの対応ガイドライン」から、新型コロナウイルス
感染拡大防止の留意事項について抜粋したものです。
全編は、JVOAD のホームページから参照できます。
http://jvoad.jp/

2. これまでの災害対応とは大きく異なる点

新型コロナウイルスの影響により、これまでの災害時の支援の状況とは大きく異なります

支援を行うにあたって、装備、保険、活動への制約など、新たに気を付ける主なポイントは以下の通りです

新たに気をつける主なポイント

● 被災地で支援をすることで感染の拡大につながる可能性がある

● 支援者と被災者を守るため、感染防止のための新たな装備を検討する必要がある

● マスク、消毒液などの入手が難しい状況下での支援を強いられる

● ボランティア保険等についても、対象になるのか確認が必要になる

● 多数による支援、三密（密閉、密集、密接）になる活動を避ける必要がある

● 住民と接する活動は慎重に検討する必要がある

● 被災地で活動をすることで、風評被害を受ける可能性がある

3. 基本方針

新型コロナウイルス影響下におけるボランティア・NPO等の災害対応の基本方針は、以下の通りとします

---

1 被災した地域への支援は、地元の意向に配慮することを前提に対応を考える

---

2 支援は、被災した地域内での対応を中心に考え、
原則として外部からの人的支援は遠隔での対応が主体となる

---

3 現地災害対策本部／行政等からの要請などがある場合、
現地での支援に必要なノウハウをもった支援者が被災地で活動を行うことがある

（災害の規模等により、現地からの要請ができない状況に陥った場合や、
地域内の共助《助け合い》の能力を超えた場合においても、現地入りを行う
可能性がある）

※本ガイドラインでの「地域」とは、都道府県域との意味合いが強いですが、
状況により市町村域として捉えられる場合もあります。

4. 災害ボランティアセンター／一般ボランティアについて

全国社会福祉協議会より、以下の指針が示されています。災害ボランティアセンターについては、
「広域に幅広くボランティアの参加を呼びかける災害ボランティア活動は行うべきではない」としています
独自の判断で被災した地域に入ることは感染の拡大にも繋がりかねません
一般のボランティアの皆様には、被災地域の災害ボランティアセンターの情報を必ず確認してください

── 災害ボランティアセンターの運営 ──

新型コロナウイルスが蔓延している状況においては、

1 被災地域にウイルスを持ち込む恐れ

2 被災地域からウイルスを持ち帰る恐れ

3 被災者やボランティア同士の接触により感染を広める恐れ

などがある。

このため緊急事態宣言が発せられている期間はもとより、
感染拡大の懸念がある程度なくなるまでの期間については、
広域に幅広くボランティアの参加を呼びかける災害ボランティア活動は行うべきではない
ボランティアによる被災者支援活動を行う場合には、募集範囲を顔の見える近隣住民を中心に、
当該市町村域に制限することが適当である。

被災市区町村での対応が困難であり、近隣市町村域や県域にボランティア募集を拡大する場合は、
被災地域の住民の意見をふまえるとともに、市区町村行政や専門的な知見を有する者の意見を聞いて
判断することが求められる。なお、被災地域の住民から寄せられる支援ニーズには、ボランティアが
対応するものだけでなく、行政や福祉関係者、事業者などが対応する内容のものも含まれる。
社会福祉協議会としてそうしたニーズの仲介機能を果たすことは当然である。

「新型コロナウイルス感染が懸念される状況における災害VCの設置・運営等について～全社協VCの考え方～」より
https://www.saigaivc.com/

6-1. 現地での支援を行う際の準備 （支援を行う必要がある場合のみ）

現地の支援者などが、必要な支援を行う場合は、以下の装備や準備などの確認をお願いします

装 備

- ☐ マスク
- ☐ フェイスシールド
- ☐ 使い捨て手袋
- ☐ 消毒液
- ☐ 石鹸
- ☐ 体温計
- ☐ ビニール袋

などの必要な装備は、各自、各団体で必ず用意してください

医療機関の確認

中間支援組織等を通じて、県の医療調整本部から
感染症対策や医療体制などの情報を確認すること

宿泊・移動手段

- ● 宿泊場所や執務スペースなど、固定の拠点を確保する
- ● 現地での公共交通機関の使用を可能な限り避ける
- ● レンタカーや自前の車を確保し、車の入れ替えなども必要最低限にする
- ● 他団体の提供する車両などへの同乗や、自組織の車両へ他組織のスタッフの同乗も必要最小限とする

支援活動従事の際のルール決め

団体でルール決めなど考えておいてください ※別紙チェックリスト参照

- ● 現地入り前は、在宅勤務の徹底など、可能な限り感染を防ぐ措置をとっている
- ● 固定の職員が現地入りし、不必要な移動は行わない
- ● 活動期間中は、体調管理（体温など）、面会者・訪問者などとの行動履歴等の記録・報告を行う
- ● 感染した場合の連絡先や相談体制などを整え、手順書を用意しておく

  ― 組織内、家族等の連絡体制
  ― 専門家（医療、法律など）への相談体制
  ― 保険会社への連絡体制
  ― 現地（都道府県）の医療調整本部との連携体制
  ― 支援関係者への情報提供
  ― 広報・情報公開の手順
  ― 組織として活動継続／撤退の判断

- ● 帰任後は自宅待機などの措置をとる（外部支援者の場合）

※活動中に感染が確認された場合、医療調整本部や保健所に確認の上、プライバシーに配慮しながら、情報の開示（行動履歴、症状の変化、医療機関などとのやり取りなど）に
努めること。また、感染の拡大を防ぐため、情報の開示先は、行政、社協、中間支援組織等ほか、活動に関係する機関などへの公表が重要になる。
風評被害に対応するためにも、情報の開示が大切になる。（風評被害を打ち消すためには、地元の関係者からの発信が重要になる）

6-2. 現地での支援を行う際の準備 （支援を行う必要がある場合のみ）

ボランティア保険・国内旅行保険・労災保険について

● ボランティア保険

現状では、ボランティア活動中のボランティア自身が下記の特定感染症に罹患した場合に、以下が支払われます

1 葬祭費用（死亡の場合、300万円を限度とした実額）

2 後遺障害保険金

3 入院保険金（6,500円／日）

4 通院保険金（4,000円／日）

● これまで新型コロナウイルスによる肺炎は第1種～第3種特定感染症に該当しないため
ボランティア活動保険では補償対象外となっていましたが、5月1日に商品改定が認可され
指定感染症に認定された2020年2月1日に遡り適用され、ボランティア活動中に新型コロナウイルスに罹患して
治療を受けた場合は、補償の対象となります

● なお、保険の対象とされた場合であっても、ボランティア活動中に感染したことを合理的に示す必要があるため、
保険金の支払いにおいても証明が難しくなることが想定される

● 国内旅行保険・NPO活動保険：補償対象等について、それぞれの保険会社への確認が必要になります

● 労災保険：感染した場合、因果関係を示す必要があるとのことです
ケースごとに対象になるか確認が必要になります

外部からの派遣の留意点

● 固定の職員が現地入りし、不要・不急の移動は行わない

● 現地入り前は、可能な限り感染を防ぐ措置をとる

● 帰任後は14日間の自宅待機などの措置をとる

● 外部支援者は被災地やその周辺地域での資機材や装備品などの調達をおこなわないこと
（現地の店舗での感染拡大の可能性を防ぐとともに、品薄な物について現地住民との競合を避けるため。ただし現地の経済状況の回復具合などを考慮し通宜検討する）

● 派遣の際は、感染症対策の研修を受講するなど必要な知識を習得しておく

災害ボランティア活動ブックレット　編集委員会名簿

（2019 年 7 月現在・五十音順・敬称略）

氏　　名	役　　職
○　阿部陽一郎	社会福祉法人中央共同募金会　事務局長
上島　安裕	一般社団法人ピースボート災害ボランティアセンター　理事・事務局長
北川　進	社会福祉法人宮城県社会福祉協議会　震災復興・地域福祉部震災復興支援室　主幹
合田　茂広	一般社団法人ピースボート災害ボランティアセンター　理事
定池　祐季	東北大学災害科学国際研究所　助教
津賀　高幸	株式会社ダイナックス都市環境研究所　主任研究員
松山　文紀	震災がつなぐ全国ネットワーク　事業担当責任者
明城　徹也	特定非営利活動法人全国災害ボランティア支援団体ネットワーク（JVOAD）　事務局長
山下　弘彦	日野ボランティア・ネットワーク／　鳥取県西部地震展示交流センター

○委員長

（運営）全国社会福祉協議会　全国ボランティア・市民活動振興センター

≪著者紹介≫

合田 茂広 (ごうだ しげひろ)

一般社団法人ピースボート災害ボランティアセンター　理事

岡山県出身。学生時代、国際交流 NGO ピースボートの世界一周クルーズに参加。その後、職員として約 60 か国を巡り、洋上平和教育プログラムや途上国への国際協力を担当。東日本大震災後は、一般社団法人ピースボート災害ボランティアセンター（PBV）を立ち上げ、東北やフィリピン台風など各地の被災地支援におけるコーディネーターとしても活動。第 3 回国連防災世界会議（2015 年）では「市民防災世界会議」の責任者を務めるほか、全国で災害ボランティアの人材育成や防災・減災教育にも取り組んでいる。

上島 安裕 (うえしま やすひろ)

一般社団法人ピースボート災害ボランティアセンター　理事・事務局長

2007（平成 12）年の新潟中越沖地震より被災者支援活動をはじめ、国内外で 25 を超える国と地域で活動を行なってきた。現在は、法人の事務局長として国内外で起こる自然災害の被災地への支援とともに、「全国災害ボランティア支援団体ネットワーク（JVOAD）」の運営委員として、災害前からの防災・減災への取り組みを行っている。

災害ボランティア活動ブックレット1

被災地につなげる 災害ボランティア活動ガイドブック

発　　行	2019年7月23日　初版第1刷発行
	2021年9月15日　初版第2刷発行
著　　者	合田 茂広・上島 安裕
編　　著	災害ボランティア活動ブックレット編集委員会
発行者	笹尾　　勝
発行所	社会福祉法人 全国社会福祉協議会
	〒100-8980　東京都千代田区霞が関3-3-2　新霞が関ビル
	電話　03-3581-9511　　振替00160-5-38440
定　　価	990円（本体900円＋税10％）
印刷所	株式会社 丸井工文社
イラスト：矢藤 一博	デザイン：㈱ビー・ツー・ベアーズ

ISBN978-4-7935-1318-3　C2036　¥900E

禁複製